もう迷わない!

どの政党に投票すればいいか決められる本

Mielka　監修

はじめに

政治や選挙のことがわからなくても必要最低限の情報を調べて、まずは投票を！

これさえあれば選挙のときに困らない本。本書を一言で紹介すると、そう表現できます。「投票したくても候補者や政党をどうやって選んでいいかわからない」「政治が大事なのはわかるけど、そもそも政治ってなんだっけ」「投票に行けっていうけど、選挙に行っても大して変わらないよね」「選挙以外でも政治に関わることってできるの？」………なんて思ったことがある人も、少なくないのではないでしょうか。

本書では、そのような政治や選挙に関する疑問や悩みに、専門的で難しい表現を省いて簡潔に答えました。国政政党の説明、選挙の種類、投票の仕方といった基本的な情報や、投票先を選ぶためのワークシート、2022年の参院選を例とした論点ごとの政党比較なども載せています。**投票を行うときの必要最低限の情報を厳選してまとめている**ため、「生徒に政治や選挙の大切さを伝えたい」と思っている学校の先生や「18歳になり選挙権を持つ子どもに投票先の選び方を教えたい」と考える親御さんにとっても、助けになると信じています。

本書の監修は、特定非営利活動法人（NPO法人）Mielka《みえるか》が行いました。Mielkaは10代から30代のメンバーを中心に、すべての人が政治を「じぶんごと」として考える社会を目指して活動する非営利団体です。一般的には、政治の本に携わるのは学者やメディア、政治団体などの関係者を想像するかと思います。一方、NPO法人は法律によって特定の個人や法人、宗教団体や政治団体の利益となることを目的とする活動が禁止されており、政治に関する事業を行うことは珍しいです。しかし、Mielkaは有権者に安心して政治情報に触れてもらうために、特定の政党や思想を支持も反対もせず、中立の立場を要求される「NPO法人」として政治事業を行っています。

そんなMielkaでは、選挙前の啓発イベントや高校での出前授業、YouTubeでの発信、「JAPAN CHOICE」という選挙情報サイト開発の事業などに取り組んできましたが、今回はじめて書籍を監修する機会をいただきました。この新しいご縁に感謝するとともに、**本書が1人でも多くの方の未来の「1票」につながることを願っています。**

NPO法人Mielka　理事　佐田 宗太郎

CONTENTS

第3章 支持政党を選ぶためのキーワード

CONTENTS

第5章 日本の選挙制度

第6章 日本の国政政党

CONTENTS

第1章

日本の政治と「選挙」と「政党」

「政治参加」は、民主主義を成り立たせるための基本です。そして、もっとも身近で簡単な政治参加の方法が選挙です。第1章では「選挙」と「政党」の基本を解説します

「政治」とは何か？

政治とは、私たちが選んだ代理人が意思決定を行うこと

政治とは、一般的には、主権者が領土や人民を統治することを指しますが、広義には、**ある集団の意思決定を行うこと、意思決定に関わろうとすること**を意味します。「ある集団」には、日本や都道府県にはじまり、小さくは学校や家族、友だちも当てはまります。学校で「靴下の色は白でなければならない」という校則を変えるための活動や、クラスの中で「毎日の黒板消し担当を決める方法」を決めるための議論、あるいは、家族の中で「今晩の夕食のメニュー」を決めることも、小さい集団での政治活動といえます。そう考えると、私たちは普段から政治を行っています。

つまり、**「集団の問題の解決」に向けて何かを決めようとすることが政治の本質的な部分**であるということです。そして、何かを決めることは、その集団が大きくなるほどに大変で、扱うテーマも難しくなります。たとえば、もっとも人口の少ない鳥取

政治のしくみ

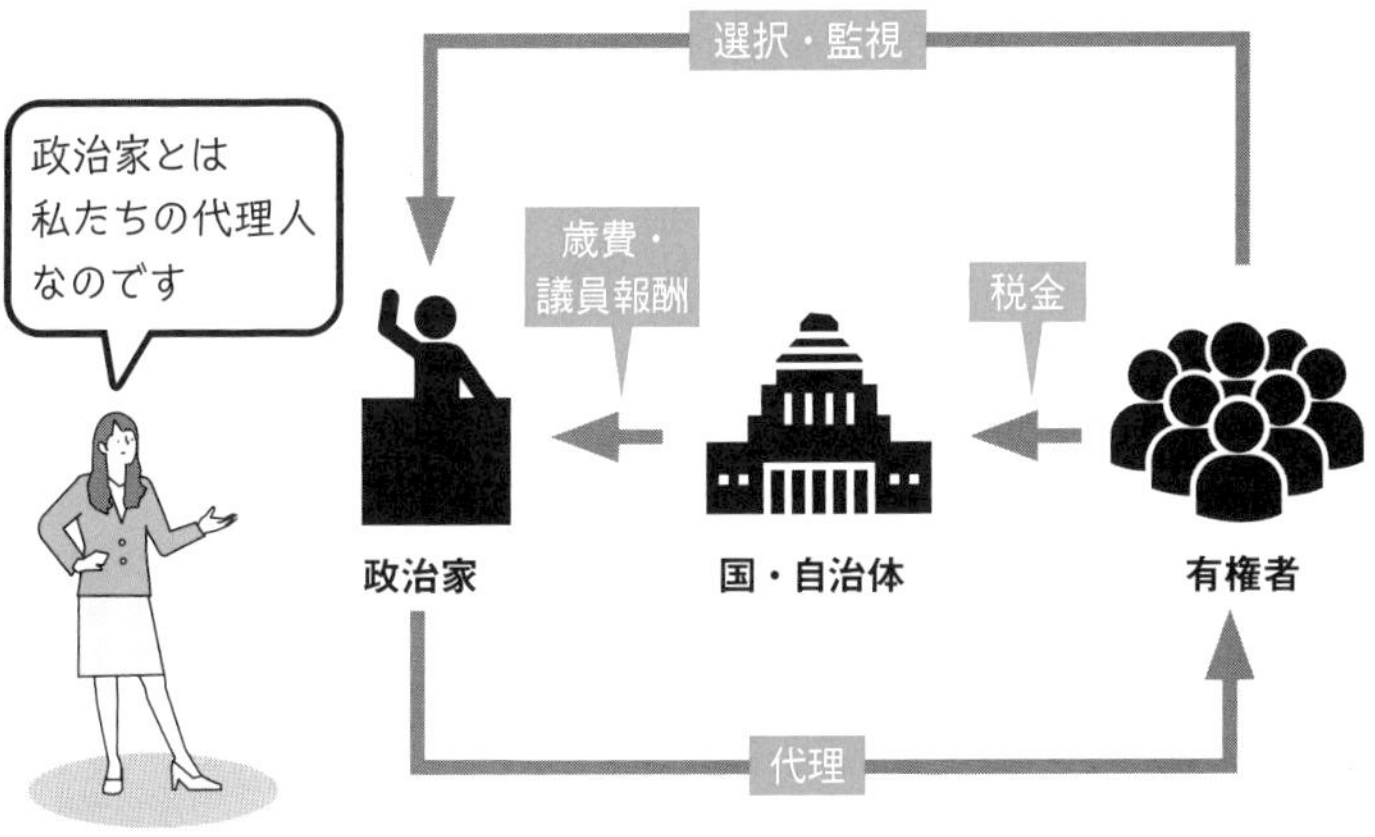

県の意思決定をするために県民55万人を集めて会議を行うとすれば、東京ドーム10個分の座席数の会場と交通費（もしくは各家庭の通信環境と通信費用）を確保しなければならず、1人1分発言しただけで9166時間以上（約382日）かかります。この人数でさまざまな県内の課題や予算執行の1つ1つを議論することは難しいでしょう。そこで、県民たちの**意見を代表する代理人を選んで意思決定を任せる**ことで、県民の大半は自身の生活時間を確保することができ、議論を行う環境も整います。

この代理人を政治家と呼び、代理で意思決定を行う対価として、彼らの給料や活動に必要なお金は、委任者である私たちが納めた税金から支払われます。

「間接民主制」と「直接民主制」とは？

前ページで紹介した、代理人を通じた政治制度は**間接民主制**と呼ばれます。一方で、すべてのことがらを政治家に任せてしまうと、有権者のためではなく自らの都合のよいようにしくみを変えて、暴走してしまうかもしれません。そうしたことがないように、国や自治体の根幹に関わる重要な決定は、国民投票や住民投票といった形で行われます。これは、有権者が直接意思決定に関わることから**直接民主制**と呼ばれます。

たとえば、国では憲法の改正に国民投票が求められ、自治体では議会の解散や市町村合併などに際して住民投票を行うことがあります。最近では、大阪市を廃止する「大阪都構想」の賛否を問う住民投票が2020年11月に行われ、50・6％の反対多数で否決されました。このように、私たちはほとんどのことがらを直接決めることはできませんが、国や自治体の重要なことがらに対しては直接票を投じることで関わることができます。日本の統治システムは、間接民主制的なしくみを主に採用しつつ、一部においては直接民主制的な要素を含んでいるのです。しかし、直接投票できる「憲法改正案」や「大阪都構想」などを考えるのは選ばれた政治家なので、まずは政治家に、多数が賛成するような優れた案を考えてもらわなければなりません。

政治に参加することの意義とは？

政治に参加するためにはどうすればいい？

政治に参加するとは、**政治家や有権者に向けて意思表明すること**であり、もっとも代表的な参加方法が選挙で投票することです。投票の結果には有権者の意思が反映されます。ほかにも、ある問題に困っている人の数を可視化するために署名を集めたり、人の目につく場所でデモをしたり、手紙やメールを送って政治家に直接会い、課題だと感じていることやその解決策を共有したりするといった参加方法があります。これらはどれも、法案の作成やその決議などに直接関与しているわけではありませんが、間接的に政治に関わっています。

たとえば、デモはテレビ報道などでもよく放映されますが、人によってはネガティブな印象を持つ活動かもしれません。建物を取り囲んだり、街中を歩いたりしながら集団でプラカードを掲げて、大声で訴える姿勢には鬼気迫るものを感じ、「異常な人たちが集まって変なことを言っている」と思う人もなかにはいるかもしれませんが（実際には大声を上げないデモや、オンラインのデモもあります）、デモも法的に認められた政治活動の1つです。日本では、デモを肯定的にとらえる人が少ないという印象がありますが、**相手の置かれた立場や主張を理解しようとする姿勢は、よりよい社会をつくるためには大切なこと**ではないでしょうか。

また、最近ではNPOなどの民間の立場で課題解決のためのルール形成を先導する政策起業家にも注目が集まっています。政治家でなくとも、政治に積極的に参加することで社会を変えた事例は数多くあります。

■「声を上げる人」の問題意識を汲み取る社会

「社会にはこのような解決されていない問題があり、その解決はどれだけ重要か」を伝えることに、政治参加の意義があります。とくに、「何人がその問題に困っている」「その問題によってどれほどの損失が出ている」と訴えることで、**政治家には関係者からの票を得るために活動する理由が生まれます。**

ある特定のテーマで困っているからといって、困っている人たちの中から政治家を擁立することはとても大変です。それに比べ、困りごとを解決してくれそうな政治家に会って直接伝えたり、デモを行って多くの有権者に困りごとを訴えたりする政治参加は比較的すぐにでもできます。

政治参加においてまず大事なことは、個人もしくはある集団の**意見や困りごとが把握され、記憶に残ること**です。政治に関わるとき、すぐに自分の思惑通りの決定がなされるか否かを重視してしまいがちですが、すぐには政策に反映されない場合がほとんどです。そのため、まずは意思表明を通じて「政治家や有権者の記憶に残る」ことを目指して行うと、政治参加を続けやすくなります。

政治家に伝えても解決に向かわないのであれば、デモや署名活動、ＳＮＳでの発信などを通じて国民に訴えるしか選択肢がないかもしれません。しかし行動さえ起こしていれば、少しずつでも誰かの意識を変えられる可能性はあります。そして、その連鎖が大きく社会を変えることもあります。

社会側（つまり私たち）の態度も大切です。声を上げる人の問題意識を汲み取る社会である方が、問題解決に向けた動きも活発になり、さまざまな人にとって生きやすい社会になるでしょう。そのためにはデモなどで意思表明する活動をないがしろにしてはいけません。そして活動している人が持つ**さまざまな背景や問題意識を考えて、私たちの行動や投票に活かすことが、社会をよくするための第一歩となる**のです。

なぜ「選挙」へ行くべきなのか？

■「選挙」にしかない2つの大きな特徴

選挙は政治参加のための代表的な方法ではありますが、いつでもできるわけではありません。それでも、選挙にはほかの政治参加の方法にはない2つの大きなメリットがあります。

1つ目は、国や地方自治体が選挙の準備を整えてくれるため、**有権者は投票を行うだけで政治参加ができる**点です。政治家に会うための約束をしたり、デモを行うために日程調整をして警察署に許可申請を出したり、といった手間がなく、投票用紙に書いて出すだけで集計から結果の公表まで行ってもらえます。

2つ目は、選挙が**唯一、政治の代理人たる政治家を選ぶ過程である**点です。議員は、その選挙区を代表して政治を行うわけなので、その地域の有権者の大部分が選挙に参加しなければ、**一部の市民の意見のみが反映される**ことになります。

地域の声を政治に反映させる

多くの人が投票することで、地域の声が政治に反映されるようになる

投票率が低いと、一部の人の意見だけが政治に反映されることになる

代理人が政治を行えるのは、選挙区で一定の票を得たことによる正統性を有しているからです。自分と考えの異なる政治家が当選したとしても、正統に選ばれたのであれば、その政治家の政策に従うことにも納得できます。しかし、その政治家がかなり低い投票率の選挙で選ばれたということであれば、納得できないと感じる人も多いのではないでしょうか。また、投票率が低い地域では、**地域の有力者にとって都合のよい人を政治家にさせやすい環境をつくる**ことにもなりかねません。

そうした環境にしないためには、**「落としたい人以外からランダムに選ぶ」という方法でも構わない**ので、なるべく多くの人が投票することが大切です。

本当に重要なのは「選挙の前後」

■選挙には「勝ち負け」以外の価値もある

自分の応援する候補者が選挙で競っていれば、多くの人は「何とか当選させよう」と思って、投票に行く気になるでしょう。しかし、どんなに頑張っても応援する候補者の当選が難しいという場合、「あまり投票に行く気になれない」と思いませんか？

しかし、支持する候補者が負けたからといって、投じた票がなくなるわけではありません。候補者にとっては、**応援してくれた有権者の数を知る機会**となりますし、その地域に住む人にとっても、**どれだけの人がそれぞれの候補者を支持しているのかを知る機会**になります。それだけではありません。たとえば、複数回出馬している人であれば、**前回の当選からの活動期間がどのように評価されたかを得票数で判断する機会**にもなります。もちろん、選挙の一番の目的は「代表となる政治家を選ぶ」ことですが、実は、**選挙は民意を可視化する重要なしくみ**でもあるのです。

選挙は「民意を可視化」するしくみ

まずは「情報を得る」ことで誰に1票を投じるかを決める

もし、あなたが「投票したい人がいない」と思っているとしたら、その原因は、「候補者や政党をあまり知らない」からかもしれません。

支持する候補者や政党を選ぶためには、直接本人に話を聞きに行ったり、演説の動画を観てみたり、ＳＮＳでのやりとりを見てみたり、公約を読んだりと、まずは「情報を得る」ことからはじめる必要があります。そして、**情報があれば自ずと、選ぶ観点が見えてきます。**人によっては、情報を得たことで「この観点ではＡさんだけど、この観点だとＢさんになる。どっちにしよう」などと悩むことになるかもしれません。

しかし、それでいいのです。自分の**理想通りの候補者に巡り会えることなどめったにありません。**だから、「理想と違うから……」と批判したり、興味を失ったりするのではなく、**「自分にとってベターな選択肢を選ぶ」ことが大切**です。この「選ぶための観点」は、本書の第2章から第4章で解説します。

「社会を変える」ために必要なこととは？

「誰に投票しても大して変わらない」と思うことはありませんか？　もしかすると、それは「選挙だけが政治参加できる機会」だと考えているからかもしれません。

しかし、**本当に重要なのは「選挙の前後」**です。普段から政治家の活動を見て、不満な点や改善してほしい点があれば、政治家に伝えるべきです。政治家は、応援してくれる人や自分の活動を見てくれている人の声を聞いてくれるはずです。また、選挙後には、自分が投票した政治家や当選した政治家が「どのような政治活動をしているか」を、SNSや活動報告書、報道などでチェックして見守ることも大切です。社会を変えるためには、**選挙時だけではなく、普段から情報を集めて積極的に政治に関与し、政治家とともによりよい社会を実現することが大事**なのです。

「政党」とは何か？

個人が集うことで意思決定を行いやすくする

国の規模で政治を行うとなると、個人の力だけでは意見を通すのが難しくなります。そこで**政治的立場を同じくする人々が集まり、政策の実現を目指し、議会での影響力を強めるために結成された集団**が政党です。議会では、複数人の意見をまとめることで賛否が分かれた際の影響力が強まるため、個人で政治活動を行うよりも、政党を組んだほうが政策を実現しやすくなるのです。

政党には、右で触れたような「概念的な強み」だけでなく、「法律上の強み」もあります。公職選挙法の要件を満たした政党は国政政党となり、歳費（国会議員の給与）とは別に、国民のお金（1人当たり250円）を原資とする政党交付金が助成されます（日本共産党のように、政党交付金をあえて受け取らない政党もあります）。金額は、国会議員数や過去の選挙の得票数によって決まり、2023年には自民党に159億円、ついで立憲民主党に68億円が交付されました。国政政党となる要件は、5名以上の国会議員を有していることと、最近の国政選挙にて2%以上の得票率であったことです。たとえば、あなたが「たけのこよりきのこ党」という政治団体を立ち上げたとしても、上記要件が満たされなければ国政政党ではありませんので、政党交付金を支給されることはありません。つまり、政党交付金とは、国民から一定の評価を得ていることを条件に、国が政治活動を支援する制度と解釈できます。

複数の政党でよりよい政治を行う

日本には、2023年8月現在で10の国政政党があります。**複数の政党があることで、政党間での批判・議論が生まれ、結果として政治の質を上げる**ことが期待されます。また、有権者はその議論を踏まえて自身の考えに合う政党や、その政党に属する候補者に投票することができます。私たちは、議題1つ1つの決定に直接参加することはできませんが、異なる政策を掲げる候補者から代表を選ぶことで間接的に政治に参加しています。もし、政党が1つしかなければ、政治に不満があったとしても、その政党以外を選ぶことはできませんが、政党が少なくとも2つあれば、よくない政治をする政党に投票しないことで、それぞれの政党への評価を伝えることができます。

しかし、そのためには「複数ある政党が対立している」ことが条件となります。

比例代表選挙では政党の名前を書くことができますが、小選挙区の投票では候補者の名前を書きます（日本の選挙制度については第5章を参照）。政党ごとに掲げる政策があるとしても、その政党の候補者は党の政策に全面的に賛成ではなく、個人的な意見を持っていることもあります。そうした場合、私たちは、候補者の発言と政党の方針と、どちらを基準に投票すればよいのでしょうか？

政党には、「党議拘束」が定められていることがあります。党議拘束とは、政党（※）が党として議案などに対する賛成・反対の方針を示し、所属議員をその方針に従わせることです。つまり、**選挙時に候補者が独自の政策を掲げていたとしても、党の意向に反していれば、その政策を進められない場合がある**ということです。そのため、「党の方針とは違う政策を掲げていた候補者に期待して投票したのに、当選後、そのとおりに行動することがなかった」ということも十分にありえます。

私たち有権者は、**選挙時に候補者が、自分が所属する党でできる見込みのないことを言っていないか、批判的に聞く**必要があります。そのため本書では、党に所属する議員を拘束する存在でもある「政党」に注目して、投票先を選ぶための方法を提案していきます。

※政党…より正確には「院内会派」ですが、ここでは「政党」としています。

押さえておきたい選挙の知識

■選挙日に都合が悪くても、海外にいても、投票はできる

この本をここまで読んできて、「やっぱり選挙の日には投票しに行ったほうがいいな」と思ったけれども、「でもな〜、毎日いろいろな予定が入っているし、時間が合わないかも」とか、「単身赴任中だから、地元に帰らないと投票できないしな」「次の選挙のときは留学中だ」などと思って、「やっぱり投票に行くのはムリかな」と考えた人もいるかもしれません。でも、大丈夫です。選挙の際には、**選挙当日より前に投票できる「期日前投票」**や、**滞在先から郵送で投票できる「不在者投票」**、**外国にいても国政選挙に投票できる「在外投票」**といった制度があるからです。

また、「投票するのははじめてで、どうすればいいのかわからない」という人も、安心してください。選挙管理委員会からあなたの住まいに送られてきた投票所入場券（選挙ハガキ）を持って投票所に行けば、スタッフの方が親切に案内してくれます。

期日前投票の手順

選挙当日の投票所よりも期日前投票所のほうが近くて便利という場合もあるので、積極的に利用しましょう
❷期日前投票所で当日投票できない理由を宣誓書に記入し、受付を済ませる
❸投票用紙に必要事項を正しく記入し、投票を行う
期日前投票所
❶期間内に本人確認書類または投票所入場券を持って、期日前投票所に向かう

投票日にほかの予定があったら「期日前投票」を利用しよう

選挙での投票には、一般的な「当日投票」のほかに、**投票日に仕事や旅行、入院、冠婚葬祭などの予定がある人が、最寄の期日前投票所で投票日前に投票できる「期日前投票」という制度があります。**

期日前投票所は、各市町村に1箇所以上設けられていて、市役所や区役所などにある場合が多いですが、自治体によっては図書館や公民館などの公的施設、ショッピングモールやスーパーマーケットなどの商業施設などのほか、駅前や大学内などに設けられる場合もあり、誰でも簡単に利用できるようになっています。

不在者投票の種類

指定病院等における不在者投票

手続きは右とほぼ同じ。指定病院の院長を通じて必要書類を請求することができ、病院や老人ホーム内で投票できる。

郵便等による不在者投票

身体障害者や戦傷病者、要介護5の人は、郵便を使った不在者投票も可能。

名簿登録地以外の市区町村の選挙管理委員会における不在者投票

名簿登録地の市区町村の選挙管理委員会に「投票用封筒」と「不在者投票証明書」を請求し、投票日前日までに投票する市区町村の選挙管理所で投票する。

選挙日に登録住所に不在でも「不在者投票」が行える

「不在者投票」とは、選挙期間中に登録住所に不在の人が、滞在先の市区町村の選挙管理委員会の施設もしくは郵送で投票できる制度です。出張や旅行先からのほか、指定の病院に入院している場合も不在者投票ができます。不在者投票を行う際は、まずは自分が住所として登録している市区町村の選挙管理委員会に直接、または郵送、オンラインなどで「投票用紙・投票用封筒・不在者投票証明書」を請求し、投票日の前日までに交付された投票用紙ほかを未記入のまま滞在先の選挙管理委員会などの指定された投票所に持参し、投票します。

在外投票の手順

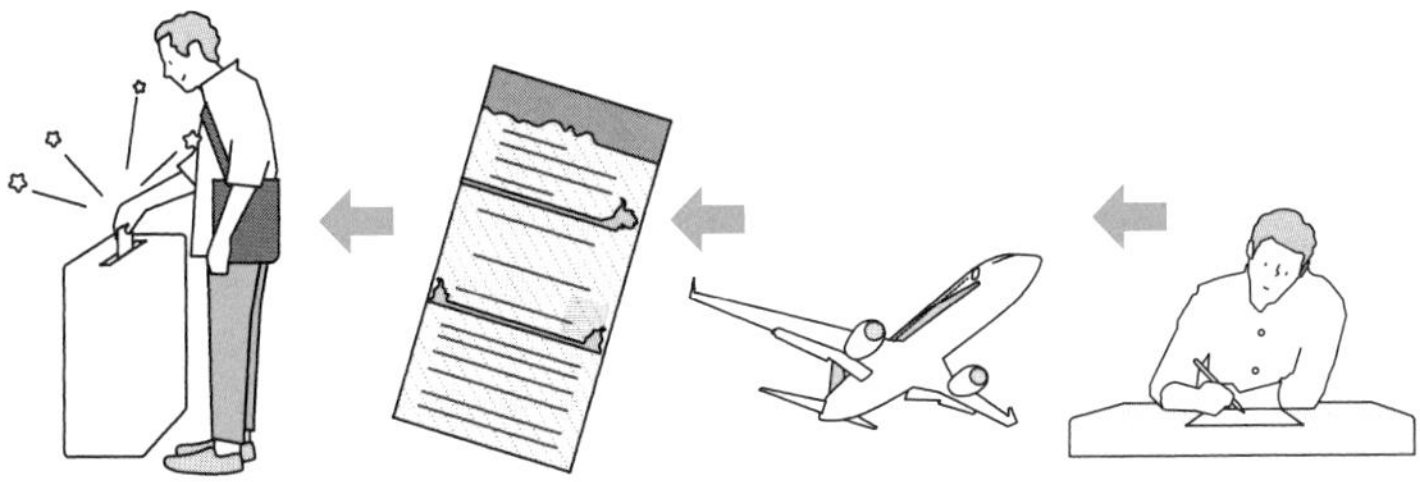

❶国外への転出届を出す前に在外選挙人名簿への登録を申請

在外公館での申請も可能

❷外国に居住後、在留届を提出

❸登録が完了すると「在外選挙人証」が発行される

❹「在外選挙人証」を持って在外公館に行き投票する

郵便での投票も可能

国政選挙は外国に滞在中でも「在外投票」ができる

外国にいながら国政選挙に投票できる制度を「在外選挙」といい、この制度を使って投票することを「在外投票」と言います。

在外選挙人名簿への登録の申請は、出国前に市区町村の窓口で申請する「出国時申請」と、出国後に居住地域の日本大使館や総領事館に申請する「在外公館申請」の2種類があります。

また、投票の方法は在外公館で行う「在外公館投票」と、郵送で行う「郵便等投票」のほか、一時帰国した人や帰国して間もない人が行う「日本国内における投票」があります。

Column ①

1票で未来は変わる？

投票で政治が変わった事例

「あなたの1票が大事」――選挙前には、そんな呼びかけを耳にします。しかし、本当に「1票」で選挙結果が変わることなどあるのでしょうか？　国会議員を決める国政選挙となると、1票差で決まることはまずありません。投票人数に対して当選者の枠が少なく、得票差が1票となる確率が低いためです。たとえば、かなりの接戦となった国政選挙として、341票差（総得票数の0・085％）で新人候補が当選した、2023年の大分選挙区の参議院補欠選挙があげられます。一方で、**地方議会の選挙だと1票以内の差で決まることがしばしばあります**。2023年の統一地方選では、千葉県銚子市議選、新潟県柏崎市議選、北海道石狩市議選にて1票差、さらに東京都新宿区議選、中野区議選、岐阜県養老町議選ではそれぞれ0・299票差、0・415票差、0・88票差で当落が分かれました。候補者に同じ名前の候補者がいて判別がつかない場合には得票数で票を分けるために1票未満の差が生まれます。このように、地方選挙では選挙・候補者・当選者の数が多いため、1票で当選者が変わることがあるのです。

第2章

支持する政党と候補者の見つけ方

「選挙には行きたいけど、誰（どの政党）に投票すればいいかわからない」という人でも大丈夫。第2章では、支持政党を選ぶポイントと「簡単に選ぶ方法」を解説します

支持する政党や候補者を見つける方法とは？

■投票先に迷ったら「4Pの法則」を意識する

はじめての選挙で投票するときに、「投票先ってどうやって決めればいいんだろう？」と迷った経験がある人は多いでしょう。なかには「今も迷っている」という人もいるかもしれません。選挙期間中にはマスメディアやSNSなどを通した政治家の発信が増えるため、ますます迷ってしまうという人もいるでしょう。情報があふれる中、「この人に政治を任せたい」という政党や候補者は、どのように選べばよいのでしょうか？　そんなとき、指針となるのが「4Pの法則（選挙の4P）」です。**「4P」とは、①Party（支持政党）、②Policy（政策争点）、③Personality（人柄等候補者の属性）、④Performance（過去の業績）**という4つの英単語の頭文字を取ったものです。投票先を選択する際には、この4項目を重視することによって、「自分が投票すべき政党・候補者」が見えてきます。

4Pの法則（選挙の4P）

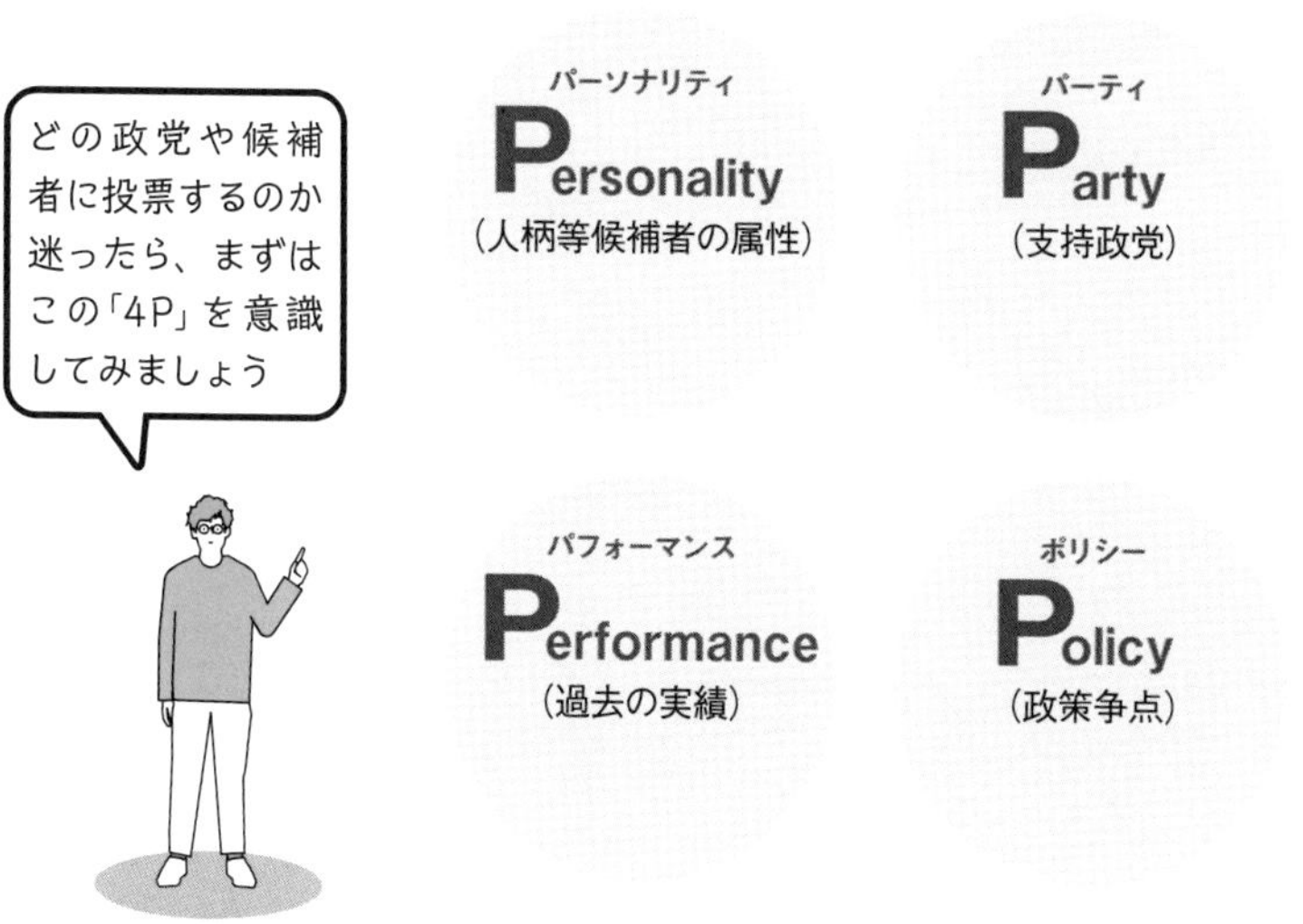

「4つのP」をチェックする際に見るべきポイントとは？

1つ目はParty（支持政党）です。

さまざまな政治的な争点について、政党は選挙のたびに公約を出し、今後どのような政策を推し進めるかを主張しています。そして各政党に属する候補者は、当選後には国会において、原則として政党の公約や立場に従って行動することになります。

そのため、Partyを決めるためには、**「どの政党のスタンスが自分の意見に合っているか」**や**「候補者はどの政党の公認・推薦を得て出馬しているのか」**を確認することが大切です。

2つ目はPolicy（政策争点）です。

どの政党が自分の意見に合った政策を掲げているのかを見極めるためには、**自分が「どのような政策を重視しているのか」を知る必要があります。**そして自分の意見を持つためには、どんな争点と政策立場があるのかについて、全体像を理解する必要があります。そのため、Ｐｏｌｉｃｙを活用するためには**「政策争点について自分の意見を持つ」「どの争点を重視したい（すべき）なのかを見極める」「各政党の政策立場を理解する」**必要があります。

「４つのＰ」に点数をつけ最後に組み合わせて計算する

３つ目はＰｅｒｓｏｎａｌｉｔｙ（候補者の属性）です。支持政党や政策に加えて、候補者本人の情報も欠かせません。とくに同一政党から複数の候補者が立候補している場合には、**候補者の経歴や能力、親しみやすさや誠実さ、知名度やカリスマ性**といった属性が、１票を投じる決め手となります。この属性を調べるには、選挙公報を見る、街頭演説や公開討論会を聞きに行くといった方法もありますが、最近は自身のＷｅｂサイトやＳＮＳでの情報発信に力を入れている議員や候補者も多いので、インターネットから情報を得ることもできます。

４つ目はＰｅｒｆｏｒｍａｎｃｅ（過去の業績）です。政党や候補者は、選挙のた

「4P」を組み合わせて足し算する

比例代表選挙の場合は、「Personality」を除いた3つの「P」で決めましょう

自分の選挙区の候補者を縦軸、4つの「P」を横軸にして表を作成し、各「P」を5点満点として表の空欄を埋めていきましょう

	Party（支持政党）	Policy（政策）	Personality（候補者の属性）	Performance（過去の実績）	4P合計点
候補者A	1 /5	2 /5	2 /5	3 /5	8
候補者B	4 /5	3 /5	4 /5	2 /5	13
候補者C	2 /5	4 /5	5 /5	1 /5	12

☞ 今回の投票先は「候補者B」！

びに「公約」や「マニフェスト」（36ページ参照）を掲げて、当選後に果たすであろう有権者との約束を訴えますが、本当にそれが実現するかどうかは、誰にもわかりません。だからこそ、**過去にその政党や候補者がどんな約束を主張してきて、どう実現してきたのか**について確認することが重要なのです。

　そして、以上の4つの観点から各政党や候補者の情報を確認したあとは、各候補者に対して、上の図のような形でそれぞれの「P」に点数をつけましょう。この点数を足した合計点がもっとも高かった候補者が、あなたが投票すべき候補者です（候補者ではなく政党を選ぶ場合は、本書98ページの「ワークシート」をチェックしましょう）。

支持政党を選ぶポイント① 政策

ひと口に「政策」と言っても、さまざまな切り口がある

前項で解説した「選挙の4P」でも候補者を選ぶことは可能ですが、ここからはもう少し詳しく、支持政党や候補者を選ぶ際のポイントを解説していきましょう。

まず、**投票先を選ぶ際にもっとも重視すべきなのは、やはり政策**です。

政策とは、政府や政党の政治上の方針や手段のことです。その対象は、経済や財政、社会保障制度、外交や安全保障（※）、環境やエネルギー、日本国憲法など多岐にわたります（政策については第3章、第4章を参照）。

数ある政策の中でも、**もっとも注目されるのが「経済」**です。とくに景気対策や財政再建といった私たちの生活や将来に直接かかわる領域は、政府や政治家の舵取りによって大きく変化する可能性があります。

また、外交や安全保障に関する政策は、世界の中での日本の立ち位置や行く末に深く関係するばかりでなく、経済活動がますますグローバル化する現在、日本の経済への影響を考えるうえで極めて重要です。

※安全保障…ある集団の安全を確保し、生命や財産を守ること。とくに国や政府が国外からの攻撃や侵略に対して国家の安全を保障することを指す。

候補者を選ぶ主な基準は？

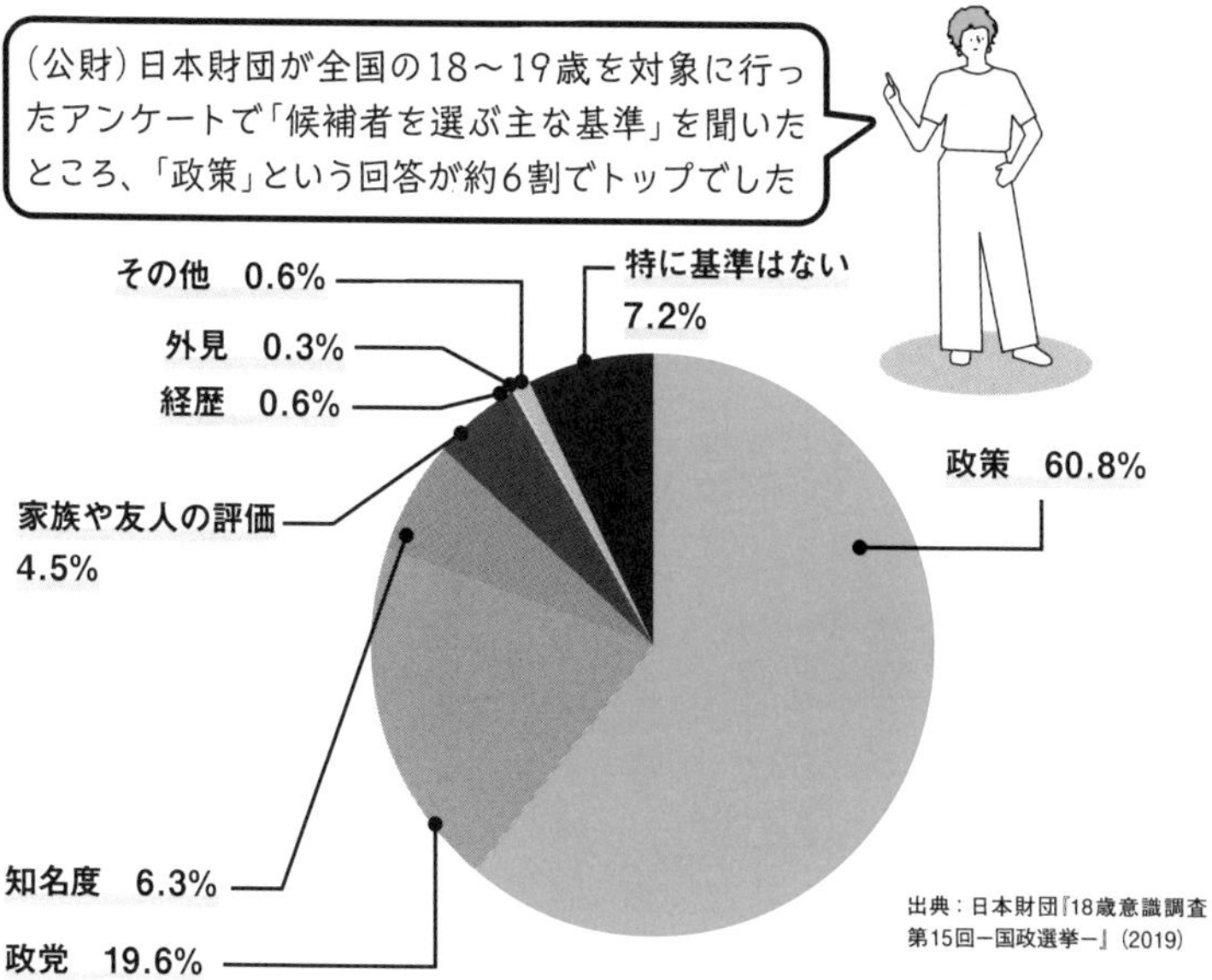

出典：日本財団『18歳意識調査 第15回ー国政選挙ー』（2019）

近年は、中国などの新興国が台頭し、世界のパワーバランスが変化しつつあります。そうした不安定な世界情勢の中で、政府や政治家がどのような方針を打ち出しているのかは、「安全保障」や「平和」を考えるうえでも見落とすわけにはいきません。ほかにも、少子高齢化問題と密接に関係する**教育費・医療費無償化**や社会保障の問題、日本はもとより地球そのものの環境にも大きな影響があり、日本の外交的立場も左右しかねない**環境・エネルギー政策**など、政策に関連した争点はさまざまです。

選挙前には、こうした問題にまつわる「政策」を見比べて、あなたの意見に近い政党や候補者を探しましょう。

公約

「公約」は、候補者が有権者に対して行う〝約束〟

選挙における「公約」とは、政党または候補者が有権者に対して、当選後に実施することを約束する政策のことです。この「公約」に似た言葉に、「マニフェスト（政権公約）」があります。日本では2003年の総選挙以降、「マニフェスト」という言葉がよく使われるようになりました。公約もマニフェストも意味はほぼ同じですが、マニフェストは、**「この政策を○年度までに実現させる。そのための費用は○円で、この財源は○から持ってくる」などと、数値や目標を具体的に示す**ものとされています。ちなみに、かつて民主党が主導してマニフェストという言葉を使用したことから、自民党は「マニフェスト」を使わず、「公約」や「政権公約」と表現しています。ただし、近年は「マニフェスト」という言葉の新鮮味がなくなり、「公約よりもマニフェストのほうが信頼できる」というイメージも薄れつつあります。

一方、選挙の段階で政党や候補者が掲げた公約やマニフェストが、政権を取った場合に必ず実行されるわけではありません。そのため、あくまでも各政党や候補者の「方

公約・マニフェストの調べ方

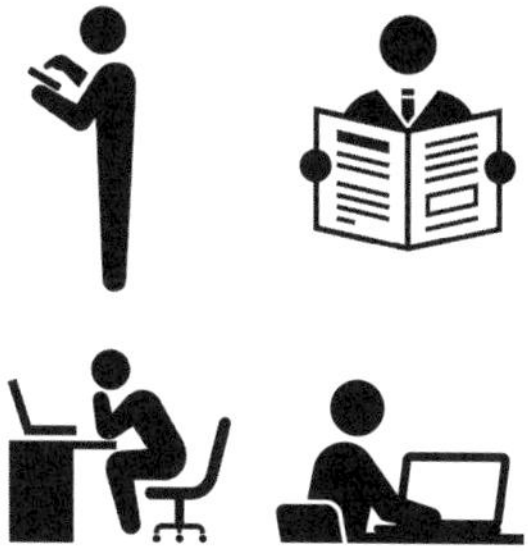

公約やマニフェストはこれらの方法で調べられます。候補者のWebサイトやSNSには街頭演説の予定などもアップされるので、直接聞きに行くのも1つの方法です

向性」や「考え方」の参考程度にとらえる必要があります。また、当然ながら、公約やマニフェストは、与党にならない限り実現度は低いため、政権運営とはあまり関わりのない党が、**実現が不可能と思われる大げさな公約やマニフェストを掲げていないかを、投票者の側が客観的に比較・判断することも大切**です。

「公約」や「マニフェスト」はインターネットでも調べられる

衆議院選挙や参議院選挙の前に各政党が掲げる公約や政策は、各政党のWebサイトや、各テレビ局・新聞社などの選挙特集ページなどで見ることができます。

また、各候補者が掲げる公約を調べる

「選挙公報」の見方

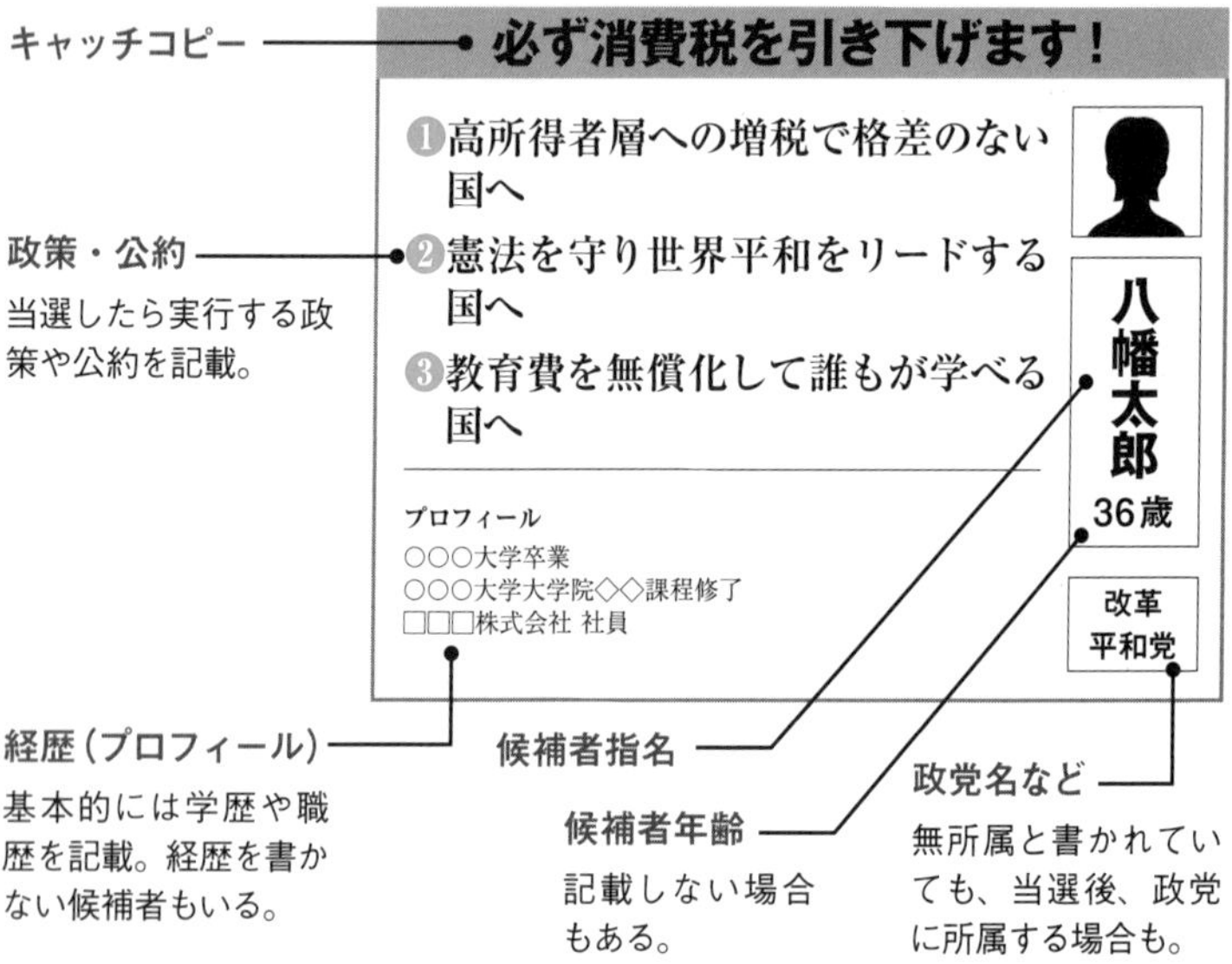

には、選挙管理委員会が各家庭に選挙の期日2日前までに配布する**「選挙公報」**が役立ちます。選挙公報には、候補者の氏名や経歴、公約などが短くまとめられています。ちなみに、選挙公報は各選挙管理委員会のホームページに掲載されることもあります。

ほかにも、選挙前にはテレビやラジオで候補者が自分の主張を語る**「政見放送」**が流れるので、そうした媒体で公約や政策をチェックすることも可能です。

先述したとおり、最近は候補者自身が自分の**Webサイト**や**SNS**を運営していることが多いので、インターネットを使って情報を収集・比較してもよいでしょう。

自民党と公明党の公約達成度

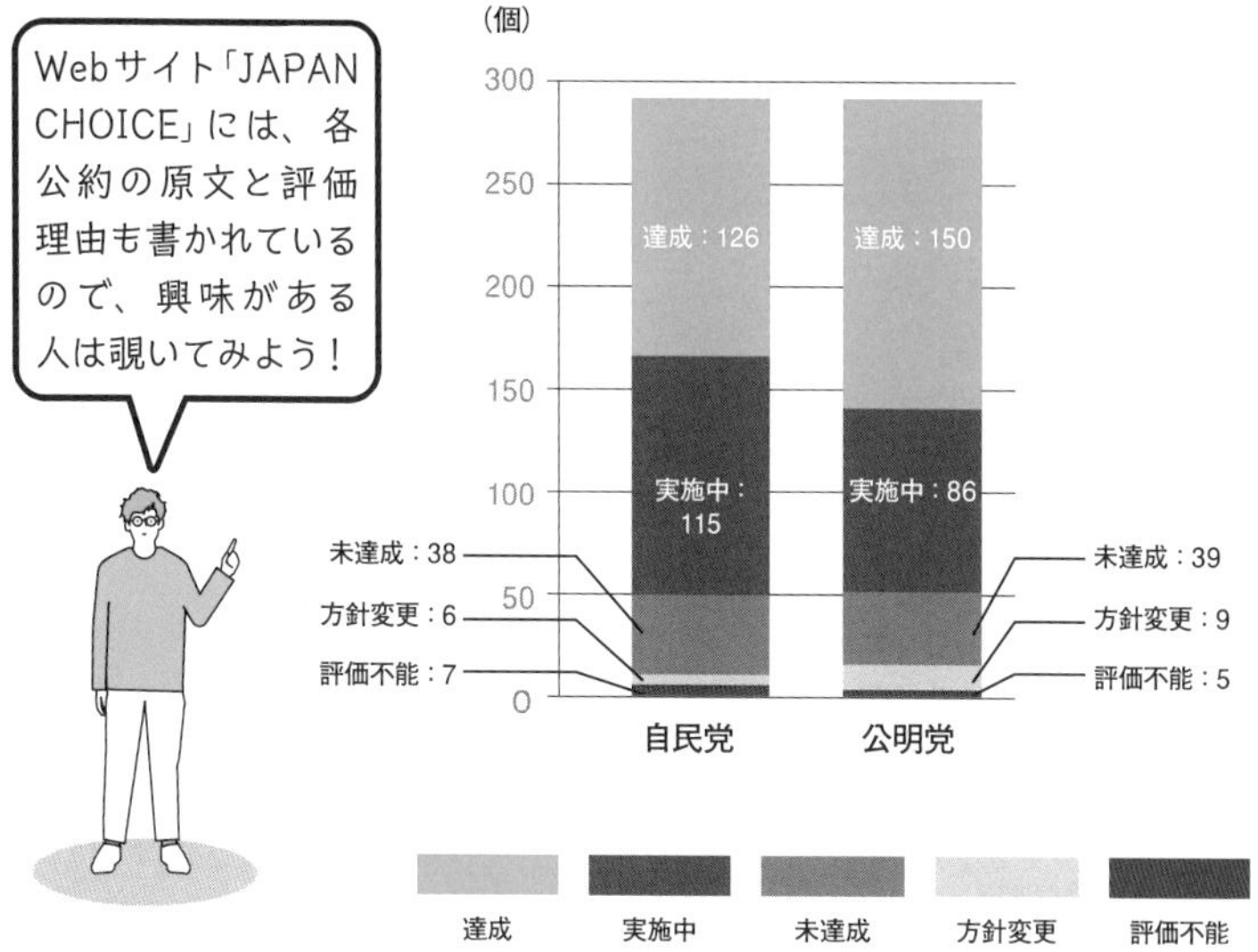

当選した候補者が「公約」を実行しているか調べることも大切

政権政党については、選挙前に掲げた公約をいくつ達成したのかを数値で検証することも大切です。この検証を行うためには、選挙が終わったあともマニフェストをパソコンなどに保存しておき、次の選挙のときにどの程度マニフェストが達成できたのかを調べてみるとよいでしょう。ちなみに、上のグラフは本書監修のNPO法人Mielkaが運営するサイト「JAPAN CHOICE」に掲載されている、2017年衆院選において自民党と公明党が掲げた公約の「達成度」をグラフ化したものです。

支持政党を選ぶポイント③

自分の意見との類似性

「意見の一致」は「部分一致」でも構わないと割り切る

政策や公約で支持する政党を決めようとしても、自分の意見と完全に合致する政党を見つけられるなんてことは、ほぼありません。自分の意見と合致する政党がないという理由で、選挙へ行くことをためらってしまうという人もいるかもしれません。しかし、候補者や政治家の場合も、自分が所属する政党内にさまざまな意見を持つ人がおり、よほど人数が少ない政党でない限り、「全員の意見や見解が完全に一致している」などということはありません。ましてや、一有権者が「意見の完全一致」を政党に望むのは無理なことです。そのため、**政党や候補者を選ぶ際には「部分一致」でも構わないと割り切る**必要があります。

その際には、自分が重視する意見や政策などを軸にして、政党を選ぶようにしましょう。たとえば、あなたが「景気対策」や「物価高対策」などをもっとも望んでいるのであれば、その部分に絞って政党や候補者を選ぶのです。もちろん、テーマを1つに絞れないのであれば、2つや3つでも構いません。

国の2021年度の「歳入」と「歳出」

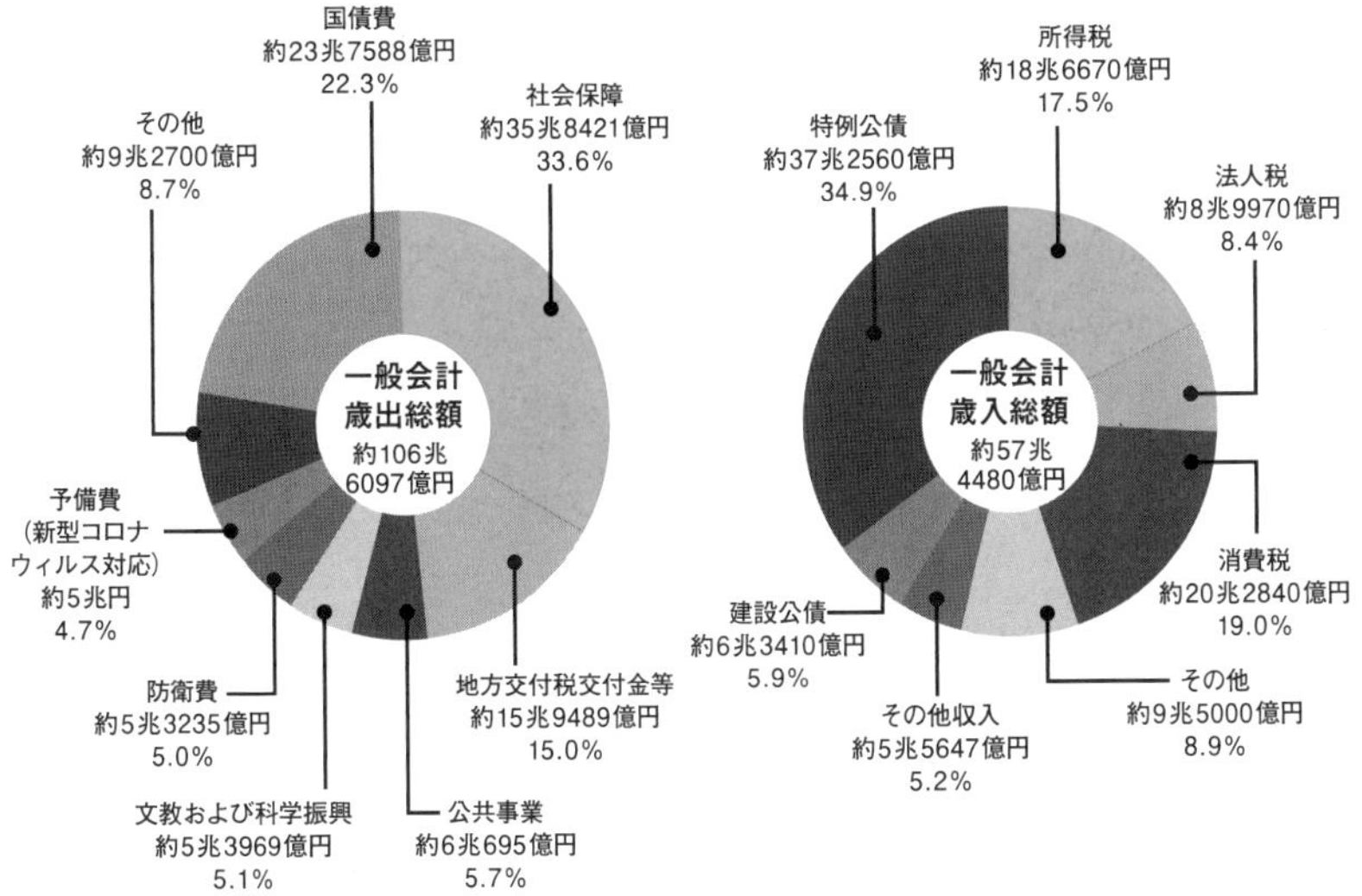

政治は「税金」を使って行われるものという意識を忘れない

ただし、忘れてはならないのは、**政治は「税金」を使って行われている**ということです。たとえば、支援金や給付金、学費の無償化といった有権者にとって「お得」に見える政策や公約だったとしても、その財源は何なのか、どういう方法で確保するのか、それを行うことでどんな影響があるのかを考える必要があります。政治は、あなたやあなたの会社が（社会人でなければあなたの両親が）支払った税金を使って行われていることを常に意識して、各政党や候補者が掲げる政策や公約を比較しましょう。

支持政党を選ぶポイント④

政党の現在の立ち位置

自分の1票をもっとも有効に政治に反映させる方法とは？

支持する政党を選ぶ際の基準は、政策や公約だけではありません。たとえば、あなたが「どの党を支持するか」という気持ちよりも、「現在の政権」が支持できないという気持ちのほうが強い場合には、そのときの政権にとって不利になる投票とは何なのかを考えてみるとよいでしょう。

単純な理屈で考えれば、**与党の次に議席数の多い野党（野党第1党）に投票する**ことも有効な手段の1つです。多くの人がこの考え方で投票すれば、二大政党制が実現するはずです。あるいは、今の「与党の政策」が支持できないというのであれば、その**与党ともっとも異なる政策を掲げる政党に1票を投じる**という方法もあるでしょう。

ただし、「現状が気に入らない」という理由だけで、政策や公約をまったく顧みることなく、勢いのある野党に投票するのは危険な場合もあります。「今の自分や社会の苦しい現状を変えてくれそう」「何かやってくれそう」といった漠然とした期待だけで、特定の勢いのある野党に投票をする人の割合が増えると、国民の支持を背景に

「二大政党制」のメリット・デメリット

メリット①
政策上の論点が明確で、政党の選択をしやすくなる
メリット②
常に政権交代の可能性があるので、政治腐敗が起きにくくなる
野党第1党に投票することで、二大政党制を目指すという考え方もあります
ただし、二大政党制には、少数派の意見が切り捨てられる、政策の一貫性が失われるなどのデメリットも

して、多くの国民を不幸にしかねない極端な政策を推し進める政権が生まれてしまう可能性もあります。

「政党の現在の立ち位置」を考えて、勢いがある政党に投票することは、自分が望む政治を実現するための有効な手段の1つではありますが、各党が掲げる政策や公約に対して無批判に、考えることを放棄して投票するのは控えたほうがよさそうです。

投票先を選ぶ際は、まわりの空気やみんなの意見に流されて何となく選ぶのではなく、冷静かつ客観的に、自分の考えをしっかりと政治に反映させるつもりで選びましょう。

支持政党を選ぶポイント⑤ ボートマッチングサービスを使う

手軽に自分と各政党の意見の合致度が測れる無料サービス

「ボートマッチングサービス」とは、有権者が選挙で投票（Vote）する政党や候補者を一致（Match）させるためのサービスで、近年、国政選挙や知事選など大規模な選挙が行われる際、テレビ局や新聞社といった報道機関を中心に実施する例が増えています。

ボートマッチングサービスは、インターネット上で誰もが無料で利用できます。ちなみに、本書を監修するNPO法人Mielkaも、同法人が運営するWebサイト「JAPAN CHOICE」内にて「投票ナビ」というボートマッチングサービスを提供しています。もし、「ボートマッチングサービスを使用したことがない」という人は、2022年の参院選のときの「投票ナビ」が公開されていますので（2023年8月現在）、試しにチャレンジしてみるとよいでしょう（左ページ上段参照）。

ボートマッチングサービスは、手軽に自分の意見とマッチする政党が選べる便利なツールですが、利用時にはいくつか注意すべき点もあります。

「投票ナビ」で試してみよう

❶検索窓に「投票ナビ」と入力し、検索結果の「2022参院選 投票ナビ」という表示をクリック。

▼

❷スタート画面が現れるので、画面下部の「スタート」ボタンをクリック。

▼

❸14の設問に答えていく。
※画面下部の「この争点を重視する」というチェック項目は、回答後に改めてまとめてチェックできます。

▼

❹すべての回答を終えると、マッチング結果が表示される。

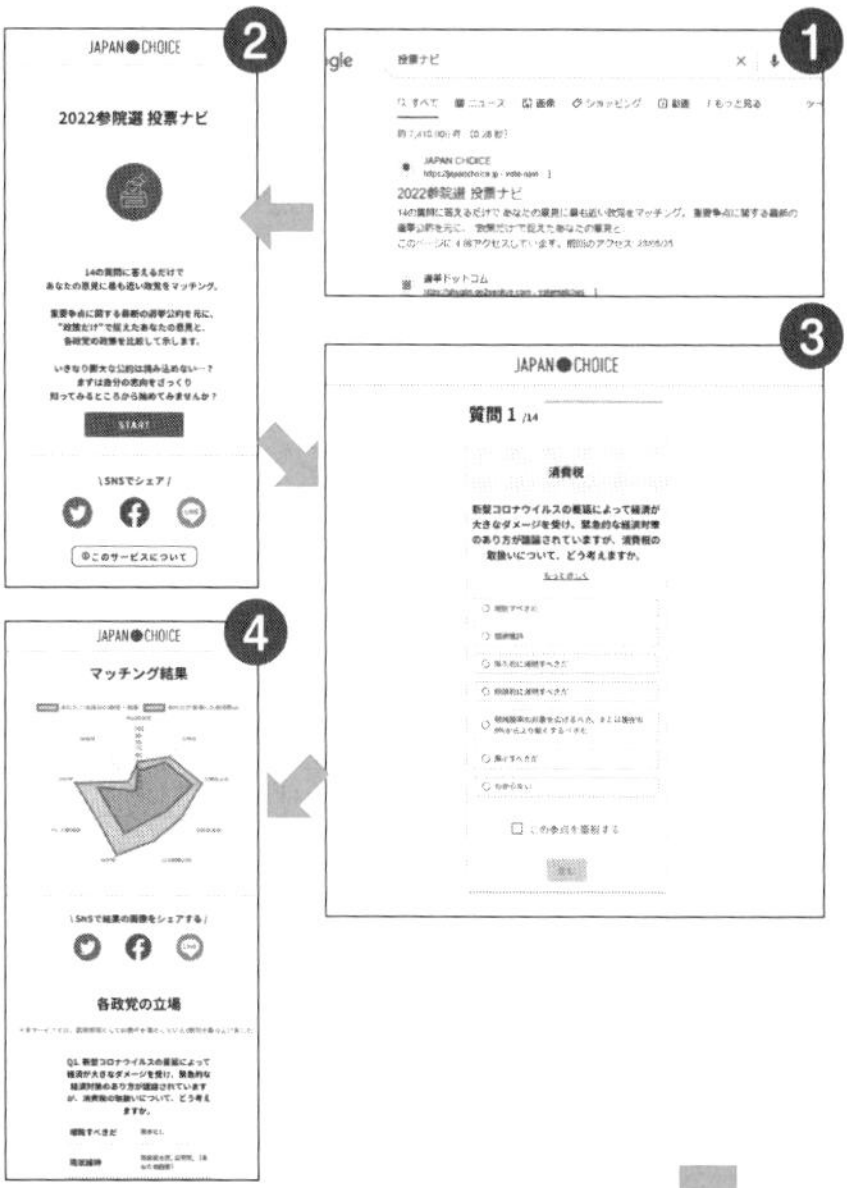

ボートマッチングサービスを利用する際の注意点

たとえば、ボートマッチングサービスを提供・運営する組織に立場や思想の偏りがあった場合、**選択肢の設定の仕方によっては、意図的に運営元が誘導したい結果を出す、ということもできてしまいます**（たとえば、与党が弱い部分の選択肢を多く設定して、野党にマッチしやすくするなど）。また、運営元によって重視する政策や、情報の集め方も異なります。そのため、ボートマッチングサービスを利用する際は、**なるべく複数のサービスを利用し、結果の違いを検証しながら投票する政党を選ぶ**とよいでしょう。

立候補者の属性で決める

投票する候補者を選ぶ理由は単純でも構わない

自分が投票したい候補者を選ぶ際には、もちろん、所属する政党に関わりなく、「自分が支持したいと思う候補者を見つける」という方法もあります。あるいは、「この候補者に当選してほしくない」という理由で、その候補者と得票数を競う可能性がもっとも高い候補者に投票するというのも1つの考え方です。

どの政党の政策や公約がいいのかわからないという場合は、そうした単純な決め方でもよいので、自分が応援したいと思う候補者を探してみましょう。

また、どの候補者を選ぶかを簡単に決めるほかの方法としては、**「その候補者の属性で決める」**という考え方もあります。

たとえば、議員や候補者の構成比率を見て、「女性が少ない」と思ったから女性に投票する、あるいは「若い人が少ない」と思ったから若い人に1票を投じるといった考え方です。この「属性」については、「女性」や「若い人」以外にも、いろいろな視点がありえます。

国会議員の女性比率

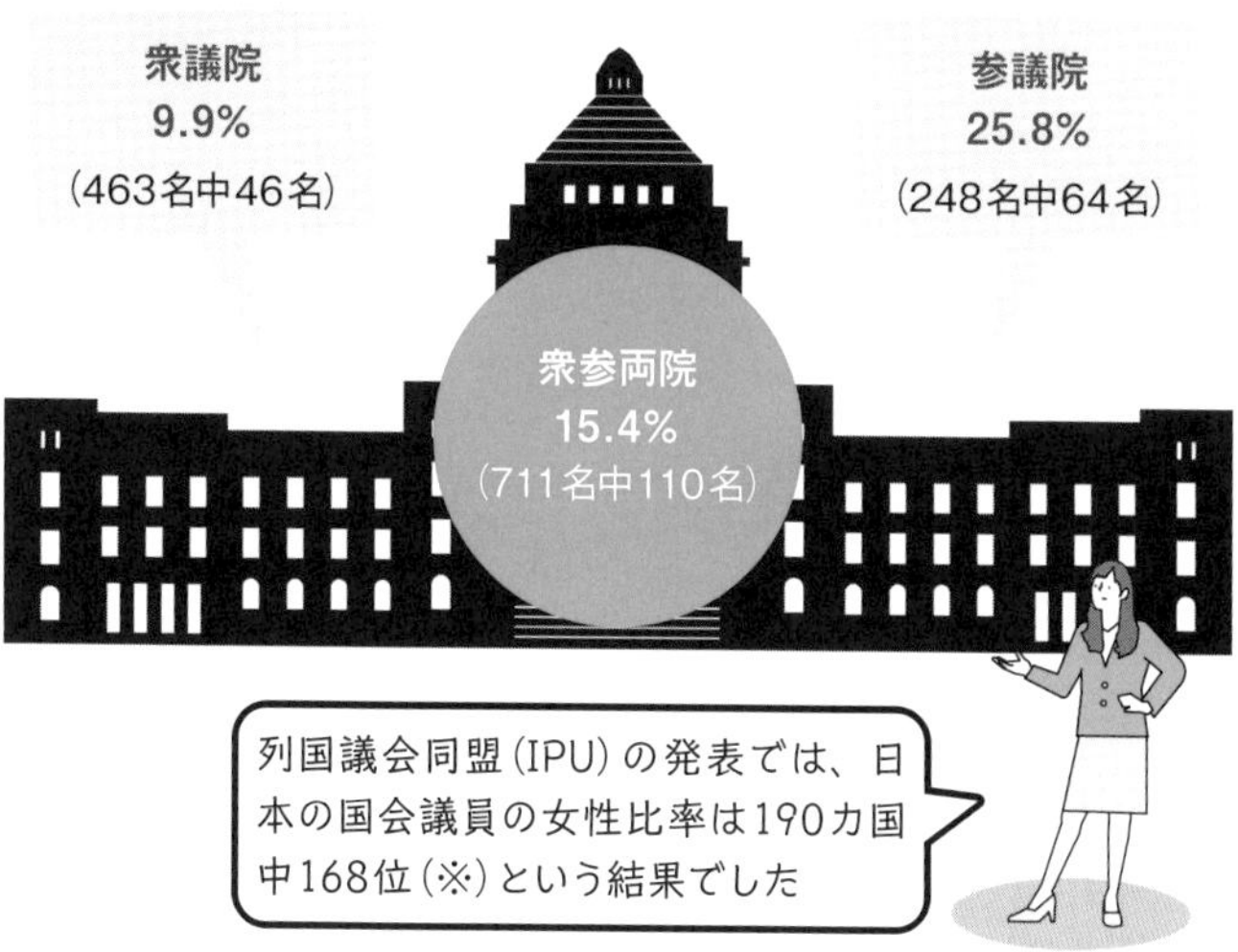

※上にあげた数字は、2022年9月時点のものです。

※168位…IPUの調査では、二院制の場合は下院（日本の場合は衆議院）の人数で比較するため、衆議院の比率9.9%をもとに計測された順位。

「自分と同じ立場の人を応援する」というのも1つの考え方

たとえば、「障害者」「LGBTQ＋」「シングルマザー（ファザー）」「難病患者」などのマイノリティ、あるいは自分と同じ立場にいる候補者を応援するという方法もあります。**当選してほしくない候補者を除外して投票するといった「消去法」で選んでもよい**でしょう。もし、投票先が選べないと思ったら、こうした単純な選び方でもいいのです。

現在、日本には選挙に行かない人たちが半数近くいます。その半数の人たちが積極的に選挙に行くようになれば、この国の政治は確実に変わります。

Column ②

「白票」は有効か？

白票は無効票となるが、投票率にはカウントされる

選挙において、無記載で投じられた票のことを「白票」と言います。選挙の時期になると、よく「たとえ白票でも選挙に行かないよりはいい」という意見を聞きますが、それは本当でしょうか？

白票を投じた場合、当然「有効票」ではなく「無効票」になるので、特定の政党や候補者に対する効力はありません。一方で、「白票」は1票としてカウントされるので、投票率には反映されます。そのため、白票は「まったく意味がない」ということにはなりません。また、白票が1割や2割、あるいは5割以上などということになれば、政治家や候補者も「有権者による抗議」ととらえて危機感を感じるため、かなりの効果を発揮する可能性はあります。

しかし、実際のところ**白票を投じる人は極めて少ないため、「白票で政治を動かす」ことは現実的とはいえない**でしょう。また、せっかく投票するのに、「選ぶ」という権利を放棄するのは、やはり「もったいない」ことだと思います。

「ベスト」ではなく「ベター」を選ぶ

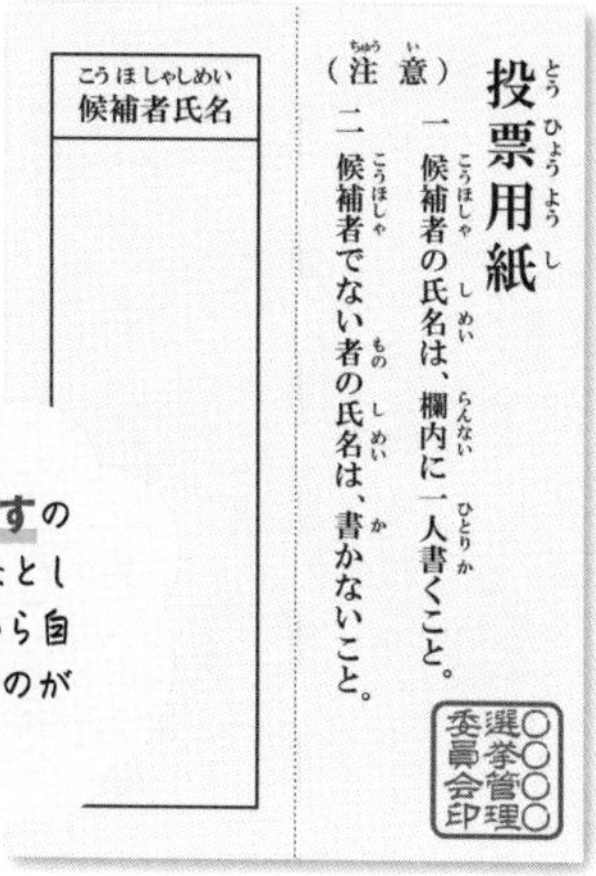
投票用紙《とうひょうようし》

（注《ちゅう》意《い》）

一　候補者《こうほしゃ》の氏名《しめい》は、欄内《らんない》に一人《ひとり》書《か》くこと。

二　候補者《こうほしゃ》でない者《もの》の氏名《しめい》は、書《か》かないこと。

○○選挙管理委員会印

候補者氏名《こうほしゃしめい》

白票は無効票になるが、1票にはカウントされるので投票率には反映される……

しかし、**自分の1票を最大限に活かす**のであれば、理想の候補者がいなかったとしても、**枠を競っている候補者**の中から自分がベターと考える候補者に投票するのがもっとも有効

「白馬の王子様」が現れないように「理想の候補者」も現れない

白票は、投票率に反映されるという点では意味があり、決して否定されるべきものではないでしょう。

しかし、せっかく選挙があり、そこで投票するのであれば、政党や候補者を決めるために悩み、決めるというプロセスが重要なのであり、そうした過程を経て、ようやく「政治参加」といえるのではないでしょうか？　何かしらの「小さな観点」でもよいので、それを見つけて、投票先を決めて投票することではじめて、あなたの1票が政治に影響力を持つのです。

現実には「白馬の王子様」が現れないよ

うに、**あなたにとって「理想の候補者」が現れる可能性は極めて低い**です。そのため、先述したように投票先を選ぶ際には、「ベスト」ではなく「ベター」を選ぶという考え方をしましょう。そして、投票先を考えた結果、どうしても支持したい政党や候補者が見つからなかった場合は、本章で解説したとおり、「属性」や「消去法」などで投票先を選ぶという選択肢もあります。政治参加をするためには白票を投じるのではなく、自分の判断基準で投票先を探し、当選者のその後（自分たちが選んだ代表がどのような政治を行うか、公約を守ったかなど）を見守ることが大切なのです。

自分の1票を活かしたいなら、**「枠を競っている候補者」の中から、自分がベターと考える候補者に投票するのがもっとも有効**ですが、当選の可能性が低い人に投票するのは無意味、というわけでもありません。18ページでも解説したとおり、当選せずとも、その候補者に1票でも多く入れることが応援となり、何人が支持しているかを知らせることになるからです。また、ほかの候補者や有権者にとっても、どの程度の人がその候補者や、その政策に共感しているのかを可視化する機会になります。

ちなみに、投票したい候補者がどうしても見つからない場合は、「立候補してほしい人を探して応援する」「自分で立候補を目指す」「当選した政治家に会いに行くなどして働きかけ、自分が納得のいく政策を掲げてもらう」といった方法もあります。

第3章

支持政党を選ぶためのキーワード

支持政党を選ぶ際の「ポイント」がわかったら、次はもう少し詳しく「キーワード」を見ていきましょう。政策や公約を読み解く際にも、本章で解説するキーワードが役立ちます

支持政党・候補者を選ぶためのキーワード

キーワードから支持政党を選ぶ

支持する政党や候補者を選ぶ際には、いくつかのキーワードを押さえておく必要があります。ここでいう「キーワード」とは、政治によって改善できる可能性が高い課題や領域のことです。それらの**キーワードを意識して政党や候補者の主張・発言をチェックすることで、それぞれの政党や候補者たちがどの程度自分の意見と合致するのかが見えてきます。**

本章では、そのポイントを「経済・景気対策」「財政・税」「外交・安全保障」「環境・エネルギー対策」「少子化対策・教育費の負担軽減」「社会保障」「働き方改革・女性の雇用拡大」「夫婦別姓・ジェンダー（※1）・LGBTQ＋（※2）」の8つに分類して、それぞれのポイントを解説していきます。全部のキーワードをチェックするのが難しいという場合は、自分が重視するキーワードに絞ってもよいでしょう。

※1 ジェンダー…「男らしさ」「女らしさ」などの社会的性差。男女の違いから生じる格差を「ジェンダーギャップ」という。

支持政党・候補者を選ぶためのキーワード

❶経済・景気対策
円安や物価高への対策は？ 消費税はどうあるべき？

❷財政・税
国債発行に積極的か否か。法人所得課税をどうする？

❸外交・安全保障
緊張する国際情勢の中で、どうやって国を守っていく？

❹環境・エネルギー対策
原発やエネルギー問題、環境問題に関するスタンスは？

❺少子化対策・教育費の負担軽減
子育て支援や教育費の負担軽減に関する意見は？

❻社会保障
社会保障、老後問題、医療対策などに関する方針は？

❼働き方改革・女性の雇用拡大
働き方改革・女性の雇用拡大に関するプランは？

❽夫婦別姓・ジェンダー・LGBTQ＋
ジェンダー問題やマイノリティなどに対するスタンスは？

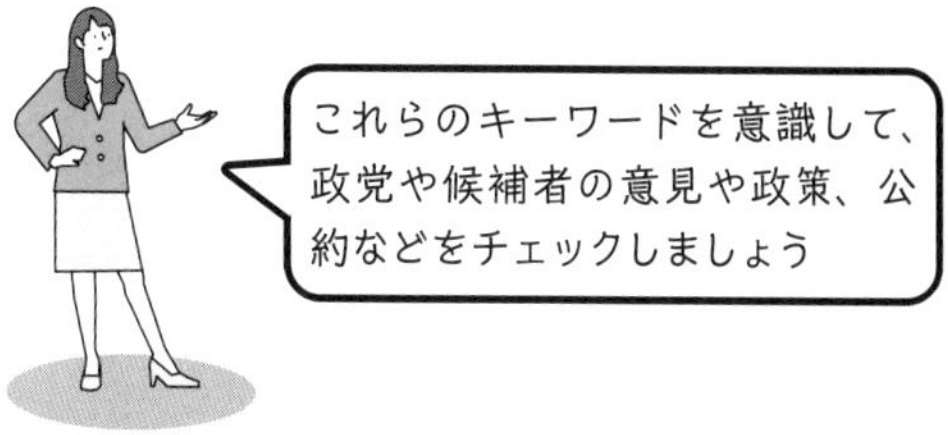
これらのキーワードを意識して、政党や候補者の意見や政策、公約などをチェックしましょう

※2 LGBTQ＋…L＝レズビアン（lesbian）、G＝ゲイ（gay）、B＝バイセクシュアル（bisexual）、T＝トランスジェンダー（transgender）、Q＝クイア（queer）［LGBTに当てはまらない性的マイノリティ］、クエスチョニング（questioning）［自身の性自認や好きになる性が決まっていない人］および＋＝その他という性的カテゴリーをそれぞれの頭字語で表した略語。

キーワード① 経済・景気対策

消費税は上げるべきか、下げるべきか

世界的な原材料価格の上昇、ロシアによるウクライナ侵攻を受けたエネルギー資源価格の高騰、急速な円安による輸入品価格高などさまざまな要因が絡み合い、現在、日本だけでなく世界的に物価の上昇が進行しています。そうした状況に対し、立憲民主党などの野党は、「消費税減税」という政策を掲げています。この政策の狙いは、**消費税を下げることで消費を伸ばし、景気を回復させる**というものです。この政策が思惑どおりにいけば、特定の業種に補助金を配るよりも平等で、効率的な景気対策になるはずです。

ただし、2018年に「消費税ゼロ」を実施したマレーシアの例を見る限りでは、消費税を一時的に下げただけでは駆け込み需要が伸びるだけで、恒久的にゼロにしないと効果がないという意見もあります。

一方で、「**消費税を下げると社会保障の財源がなくなる**ため反対」という意見もあります。現在、消費税の約9割は、年金・医療・介護・子育てなどの社会保障に使わ

消費税（増税）のメリット・デメリット

デメリット

▶消費が減り景気悪化につながる
▶低所得者の負担が増える
▶中小企業を圧迫する
etc.

メリット

▶安定した財源になる
▶現役世代の負担が減る
▶脱税が防止できる
etc.

消費者にとっては「減税」や「廃止」のほうがいいのは当然ですが、国民として考えた場合にどちらがいいのか、しっかりと考えてみましょう

れているからです。

消費税を減税すると、税収が減るという問題もあります。税収が減ると、穴埋めのために国債（※1）を発行しないといけません。日本の国債は現在、ムーディーズ（※2）などの格付け機関で、G7の中でイタリアに次いで低い「A1」に格付けされていますが、国債を増やし続ければさらにランクが下がり、信用度も下がります。そのため、自民党は国民や企業の実情に応じてお金を配る方がよいという考えを持っています。また、円安に対して政府・日本銀行が積極的に介入した方がよいと考えるのか、対抗措置をとることに反対なのかについても、政党によって大きく意見が異なります。

※1 国債…国が歳入の不足を補うために発行する債券。
※2 ムーディーズ…アメリカのもっとも主要な格付会社の1つ。企業や政府などの発行体および債券などの個別債務の信用度を調査し、格付を行っている。

キーワード② 財政・税

均衡財政路線か、積極財政路線か

日本の財政は90年代のバブル崩壊以降はずっと赤字が続いており、その赤字をどう減らすかも重要な課題となっています。

国は歳入（一会計年度内の収入）が不足している場合でも、必要であれば政策や事業に資金を投入しなければなりません。そのため、その不足分を補うために国債を発行し、公債金収入を得ています。しかし、この収入は**あとで元本を返済し、利子を支払わなくてはいけない「政府の借金」**です。

現在、日本は国債返済にかかる支出が国の歳出の中で大きな割合を占めており、**このままでは将来の世代に大きな負担を残す**のではないかと問題になっています。

この状況を改善するための方法として、国の支出はなるべく税収で対応して政府の借金を減らした方がよいという均衡財政（※1）路線と、積極的な国債発行によってお金を回して経済成長をうながそうという積極財政（※2）路線があります。もちろん、どちらの路線を支持するかは、政党や候補者によって異なります。

※1 均衡財政…収入と支出が均衡を保っている（ほぼ等しい）財政運営。
※2 積極財政…積極的に支出を増やして経済の拡大や社会資本の整備を図る財政運営。

普通国債残高の推移

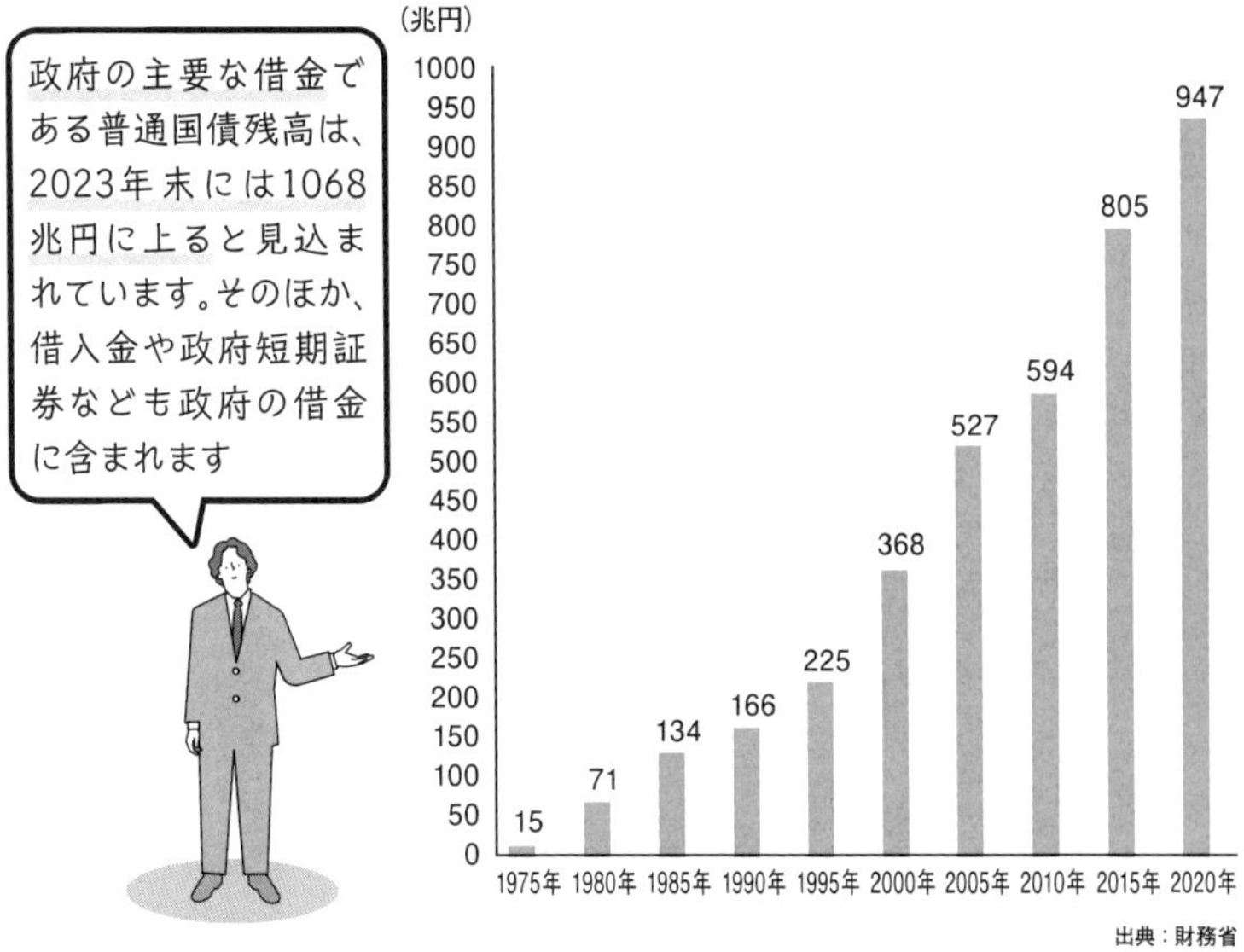

出典：財務省

また、世界的な法人税の引き下げ競争の中で、日本も国内からの企業流出を避けるため、１９９０年代後半から法人税率が引き下げられてきました。

現在、日本の法人税の基本税率は23・2%まで下がっています（ピークは１９８４年の43・3%）。一方、そのことによって国内の大企業の内部留保が増大したとも言われており、中小企業を優遇しつつ、余裕のある大企業から税金をとるべきという意見もあります。

また、自民党など与党は、過去と比べて日本の法人税率が下がったといっても、世界と比べるとまだ低いとはいえないため、企業の規模に関わらずさらに減税した方がよいという意見です。

キーワード③ 外交・安全保障

安全保障環境を整えるために防衛費は上げるべきか?

ロシアのウクライナ侵攻が世界に与えた衝撃は大きく、現在、日本の安全保障をめぐる環境も厳しさを増してきています。また、かつては世界の警察官とまで呼ばれた大国アメリカの影響力が弱まる中で、国内では「自国は自分たちの力で護らねば」という声も高まっています。さらに、日本の同盟国であるアメリカは、「戦略的競争相手」と位置づける中国が日本のGDP(国内総生産)を追い抜いた2010年以降、ますます中国への警戒を強めており、それに対抗するため日本に軍事パートナーとしての役割を求めることが増えています。

そんな中、日本政府は2022年12月に、**2027年度に防衛費をGDP比2%以上に増額**することを検討していると発表しました。この方針に対して、自民党や日本維新の会などは、日本の防衛力の抜本的な強化のためとして賛成しています。一方で、外交が十二分に機能し、安全保障環境が整っていれば、防衛能力を拡大する必要はないという反対意見もあります。

「安全保障」と「防衛費」に関する多様な意見

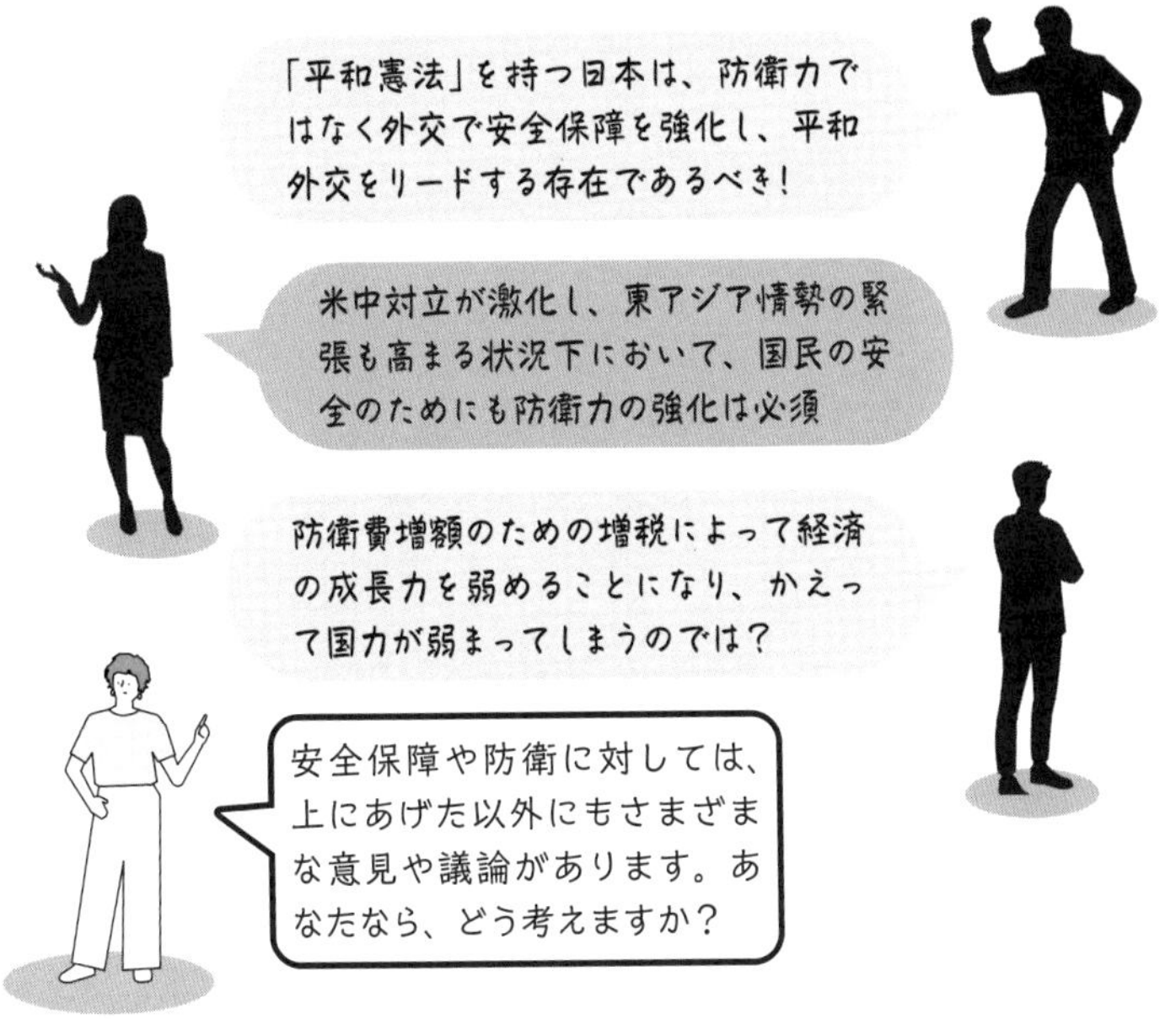
「平和憲法」を持つ日本は、防衛力ではなく外交で安全保障を強化し、平和外交をリードする存在であるべき！
米中対立が激化し、東アジア情勢の緊張も高まる状況下において、国民の安全のためにも防衛力の強化は必須
防衛費増額のための増税によって経済の成長力を弱めることになり、かえって国力が弱まってしまうのでは？
安全保障や防衛に対しては、上にあげた以外にもさまざまな意見や議論があります。あなたなら、どう考えますか？

日本の防衛戦略の基本的な方針は、相手から武力攻撃を受けたときにはじめて防衛力を行使するという「専守防衛」で、このことは憲法でも定められています。現在、与党は防衛費をGDP比2％以上に増額するとしていますが、社民党や共産党などは、専守防衛に反するとして防衛費の増額に反対しています。

また、自民党や日本維新の会は、東アジア地域の安全保障上の不安が高まる中で、敵国からのミサイル攻撃を抑止するため、日本も敵基地攻撃能力を保有すべきと主張しています。一方、社民党や共産党などは、敵基地攻撃能力の保有に対して「専守防衛の枠を超えるもの」として反対しています。

キーワード④ 環境・エネルギー対策

カーボンニュートラルの実現と原発問題

日本では、2011年に発生した福島第一原子力発電所の事故以降、その反省を踏まえて、原発の稼働については慎重論が優勢でした。しかし近年、ロシアによるウクライナ侵攻の影響による燃料価格の高騰を背景に電気料金が上昇しており、火力発電よりコストの低い原発を再稼働して電力を賄うべきという声が高まっています。

そうした声と世界的なカーボンニュートラルの動きも相まって、2022年12月、日本政府は今まで認めていなかった「60年を超える原発の長期運転」を認め、新世代型の原発炉の開発・建設に取り組むという方針を打ち出しました。

カーボンニュートラルとは、地球規模の課題である気候変動などの環境問題の解決に向けて、温室効果ガスの排出を国全体としてゼロにしようという取り組みで、世界各国が2050年までの実現を目指しています。その取り組みの一環として、政府は2023年2月に「GX（※）実現に向けた基本方針」を閣議決定。化石燃料の輸入事業者などに燃料の消費量に応じて課税する「炭素税」や、国が定めた二酸化炭素排

※GX…Green Transformationの略。化石燃料を可能な限りつかわず、再生利用エネルギーなどのクリーンなエネルギーを活用していくための変革やその実現に向けた活動のこと。

原子力発電のメリット・デメリット

メリット

- 安定した燃料の確保と電力供給が可能
- 発電時のCO^2削減
- 電気料金が安定する

デメリット

- 原発事故の危険性
- 有害な放射性廃棄物の処理が困難
- 建設および廃炉時に莫大な費用がかかる

原子力発電には、ここであげたメリット・デメリットのほかにもさまざまな議論があります。自分は原発に賛成派か反対派かを考えたうえで、各党の主張を比較してみましょう

出の上限を超える企業が、上限に達していない企業からお金を払って必要な分を買い取る「排出量取引制度」の導入を検討しています。

原発の再稼働に関しては、各政党で意見が異なります。**法令に基づく安全基準を満たした原発に関しては再稼働するべき**という姿勢を打ち出しているのが、自民党や国民民主党などです。対して、共産党や社民党などは、**自然エネルギーなどへの完全転換を目指して、将来的に原発はゼロにするべき**と主張しています。

カーボンニュートラルという世界的な動きや燃料価格の高騰の中で原発問題をどう考えるかは、議論を尽くすべき重要な課題です。

キーワード⑤ 少子化対策・教育費の負担軽減ほか

■国のどのようなサポートが少子化対策につながるのか

現在、日本の少子化問題は深刻です。**2015年には年間約100万人だった出生数は、2021年には81万人まで減少**しています。そのうえ、若い世代の結婚・出産に向けた意欲は年々低下しているというのが実状です。

その原因の1つに、経済と雇用環境の悪化があります。いわゆる「バブル時代」に社会人となった1960年代生まれの世代と、「バブル崩壊後」に社会人となった1970年代生まれの世代の「大卒男性正規職員」の実質年収を比べてみると、後者の世代は150万円ほど低く、それ以降の世代も低いままです。つまり、**若い世代には子どもをつくって育てていく余裕がない**のです。こうした状況を改善するためには、国が有効な政策を打ち出し、安心して子どもを産み、育てられる環境をつくる必要があります。

たとえば、日本政府は2019年10月より、3～5歳児と住民非課税世帯の0～2歳児を対象に「幼児教育・保育の無償化」を開始しましたが、まだ完全無償化にはなっ

主な少子化対策

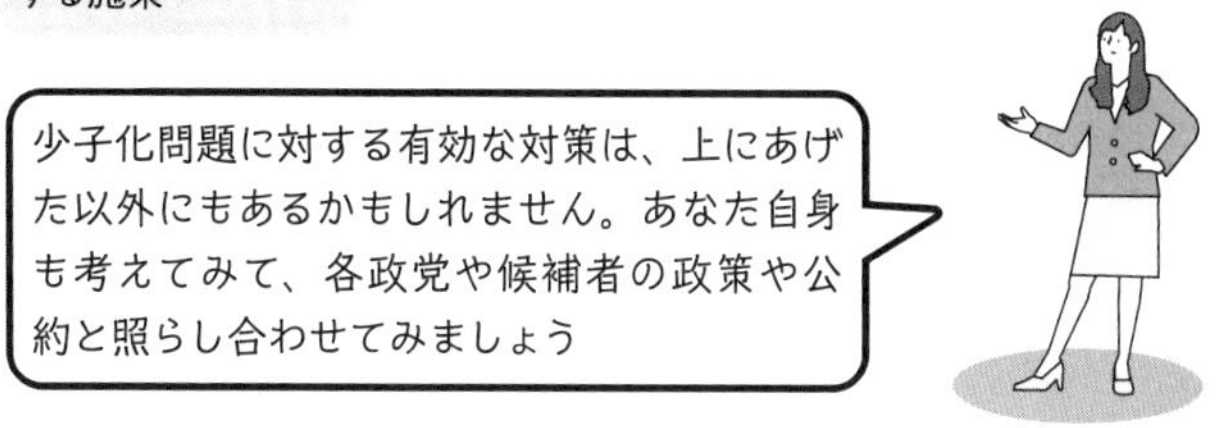

ていません。各党「無償化を拡充すべき」という意見は共通していますが、日本維新の会や共産党などは完全無償化を、自民党や公明党は条件付きもしくは段階的な無償化を主張しています。

義務教育を終えたあとの教育費の負担軽減も急務です。2020年には、年収が590万円未満の世帯の私立高校授業料が実質無償化される「高等学校等就学支援金制度」がスタートしましたが、所得制限があることを不満とする声もあります。そんな中で、立憲民主党は所得制限を撤廃して高校授業料を無償化するという政策を掲げています。また、日本維新の会のように教育の全過程での完全無償化を掲げる政党もあります。

キーワード⑥ 社会保障ほか

■「2025年問題」を前に日本に求められる社会保障とは

社会保障制度は国民の生活を支える大事なセーフティーネットで、「社会保険」「社会福祉」「公的扶助」「保険医療・公衆衛生」の4つがあります。近年、政治の世界で特に争点になっているのは、「社会保険」のうちの公的年金と、「保険医療・公衆衛生」のうちの介護・医療です。どちらも高齢者に関わりの深い保障制度ですが、それもそのはずで、日本は2021年10月の時点で、高齢化率が28・9%にものぼる超高齢社会だからです。しかも、**2025年前後には団塊の世代の約800万人が75歳以上になり、約5人に1人が後期高齢者（75歳以上）になります。**そのため、近い将来に福祉や社会保障の負担が膨れ上がることで財政が逼迫《ひっぱく》することが予測されており、「2025年問題」とも称されています。

現在、社会保障改革が喫緊《きっきん》の課題となっています。改革案はさまざまで、自民党は「すべての世代が安心できる持続可能な全世代型社会保障の推進」、立憲民主党は「税金や年金の保険料などをまとめて取り扱う歳入庁の設置」、日本維新の会は「ベーシッ

深刻化する少子高齢化問題

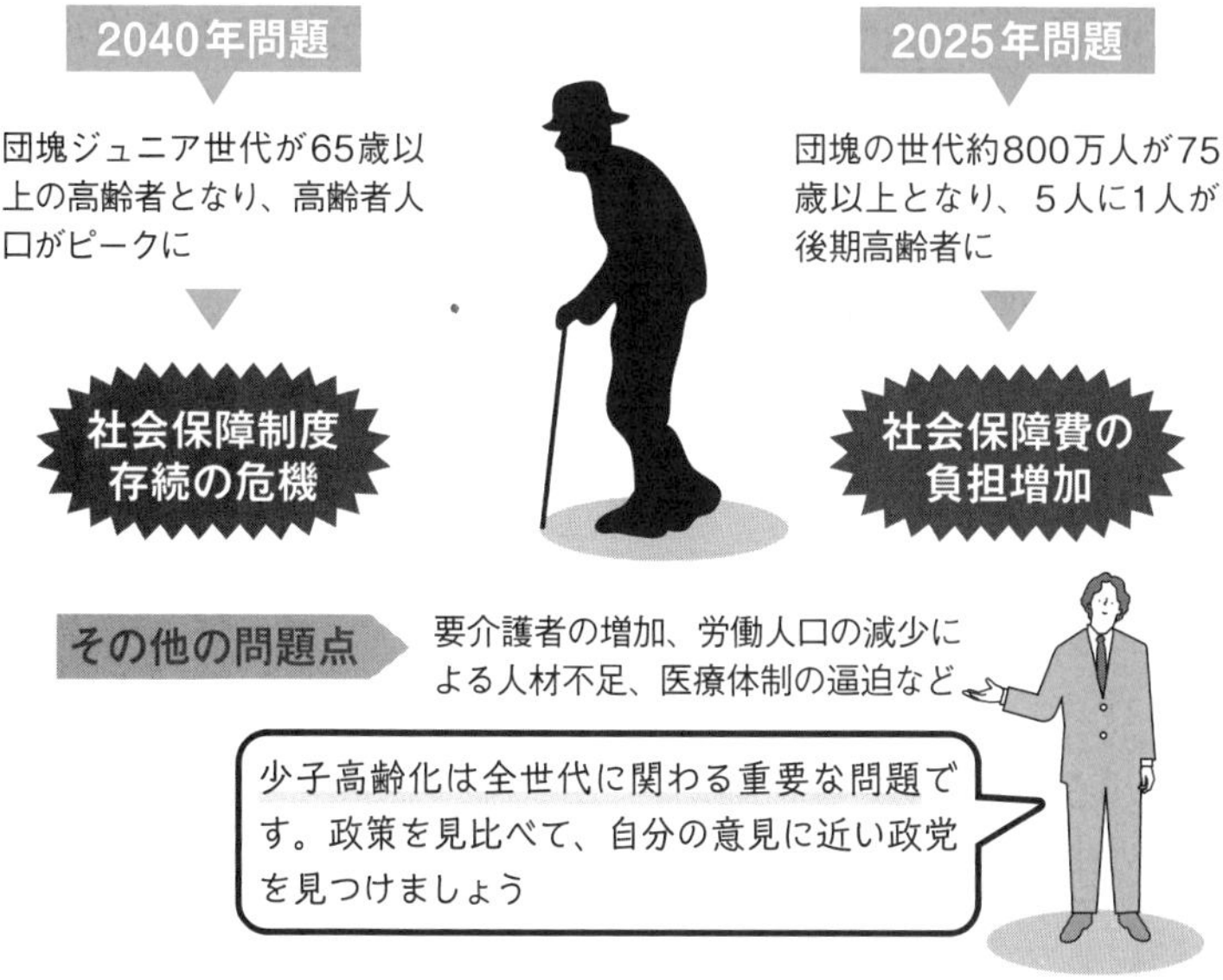
2040年問題
団塊ジュニア世代が65歳以上の高齢者となり、高齢者人口がピークに
社会保障制度存続の危機
2025年問題
団塊の世代約800万人が75歳以上となり、5人に1人が後期高齢者に
社会保障費の負担増加
その他の問題点
要介護者の増加、労働人口の減少による人材不足、医療体制の逼迫など
少子高齢化は全世代に関わる重要な問題です。政策を見比べて、自分の意見に近い政党を見つけましょう

クインカム（※）または給付金付き税額控除を基軸とした再分配の最適化・統合化で社会保障全体の改革を進める」などの政策を掲げています。

しかし、それらの政策を実現するには、財源や実施方法などさまざまな角度から論じる必要があります。

また、**不足している介護従事者をどうやって確保していくのか**という問題もあります。現在、各党が介護従事者の「重労働」「低賃金」といった問題への対策として、処遇の改善策を打ち出しています。たとえば、れいわ新選組は月給10万アップと具体的な数字をあげており、自民党は他産業の賃金などを踏まえたうえで改善していくと主張しています。

※ベーシックインカム…国民が最低限の生活を送るうえで必要な現金を、無条件ですべての個人に給付する政策。

キーワード⑦

働き方改革・女性の雇用拡大

待遇格差を是正し「同一労働同一賃金」は実現できるのか

日本の平均賃金は、1990年代初頭のバブル崩壊以降の「失われた30年」で下降し、ほかの先進国との差が広がっています。OECD（経済協力開発機構）の統計によると、**日本の2021年の平均賃金（年収）は約444万円。これはOECDの主要7カ国（G7）中で最下位**です。

長期政権を築いた安倍内閣が行った経済財政政策「アベノミクス（※）」は、株価を上げ、資産を保有する富裕層に恩恵をもたらしましたが、労働者の賃金上昇には寄与していないとする評価もあります。そして、新型コロナウイルスの感染拡大やロシアのウクライナ侵攻を震源とする物価上昇の影響で景気はさらに低迷し、一時期、多くの失業者が発生しました。そうした状況下、各政党は雇用の安定や創出、賃金格差是正などのためにさまざまな政策を提案しています。たとえば、共産党は退職強要を許さない解雇規制立法を提案、自民党は求人メディアのマッチング制度の整備を推進しています。また、ほかの政党も、最低賃金の引き上げや非正規雇用の正規化など多

※アベノミクス…安倍晋三政権の経済政策の通称。「大胆な金融政策」「機動的な財政政策」「民間投資を喚起する成長戦略」を柱（3本の矢）として日本経済の成長を図った。

「同一労働同一賃金」から「同一価値労働同一賃金」へ

職務が異なっても労働の価値が同じであれば同一の賃金を支払う

同じ職務に対しては同一の賃金を支払う

「同一労働同一賃金」では、たとえば「男女」といった属性で職務を区別することで差別が残るという意見も。そこで近年、さらなる格差是正のための「同一価値労働同一賃金」の導入が議論されています

様な提案を行っています。

女性の雇用拡大も大きな課題です。現在、配偶者控除による103万円の壁（※）が女性の就労や経済的自立を妨げる一因として問題視されており、廃止の是非を含めて議論の対象となっています。

男女間や正規・非正規の待遇格差の是正も重要です。2021年4月、政府は「同一労働同一賃金」を中小企業にも拡大しましたが、いまだ待遇格差は完全に解消されたといえる状況ではありません。この問題をさらに踏み込んで解決しようと、立憲民主党や社民党などの野党は「同一価値労働同一賃金」を掲げ、仕事の価値が同じであれば男女間や産業間で賃金を同一にするべきと訴えています。

※103万円の壁…家族の扶養に入りながら働く人の年収が103万円を超えると、所得税の支払い義務が発生することを指した言葉。

キーワード⑧

夫婦別姓・ジェンダー・LGBTQ＋ほか

ジェンダー平等が広がる中、選択的夫婦別姓は認められるのか

世界各国がジェンダー平等に向けた努力を加速する中、日本はかなり遅れをとっています。2023年6月に世界経済フォーラムが発表した「The Global Gender Gap Report 2023」によると、**日本のジェンダー・ギャップ指数（各国における男女格差を測る指数）は146カ国中125位と、世界の中でも極めて低い水準**でした。

そんな中で議論の的となっているのが、夫婦が結婚後もそれぞれの姓を名乗れるようにする**「選択的夫婦別姓制度」**です。多様な家族のあり方を認めるうえで必要な制度とする意見がある一方で、制度を導入することで「子どもの苗字に関する問題が起こる」「家族の証明が難しくなる場合がある」といった問題点も指摘されています。この「選択的夫婦別姓制度」に関しては、多くの政党が賛成の意思を示す中、自民党は反対を表明しています。しかし2023年以降、自民党内でも選択的夫婦別姓の実現を求める動きが高まってきています。

「選択的夫婦別姓制度」のメリット・デメリット

デメリット

- 子どもの姓をどうするかの選択が難しくなる
- 家族であることの証明が難しくなる可能性がある
- 家族の一体感が阻害される可能性がある

メリット

- 男女平等が促進される
- 結婚後の免許証や銀行口座などの氏名変更手続きが不要になる
- 姓の変更をしたくない人にとって結婚に対する障害が減る

ちなみに、先進国の中で夫婦別姓を義務化しているのは日本だけとも言われています

また、**同性婚の法制化**に関しても、各政党が賛成する中、自民党のみが反対しています。反対理由は「憲法24条で婚姻は両性の合意のみに基づいて成立すると定められているため、現行憲法の下では同性カップルに婚姻の成立を認めることは想定されていない」というものでしたが、憲法は関係なく、民法を変えれば成立するという専門家の意見もあります。

LGBTQ+問題に関しては、2023年6月に「LGBT理解増進法」が、自民党、公明党、日本維新の会、国民民主党などの賛成で成立しました。しかし、LGBTQ+の当事者や支援団体からは、「差別する側への配慮」が盛り込まれた法案として批判する声もあります。

視点①「改憲派」と「護憲派」

そもそも「日本国憲法」とは何か？

２０１２年に、自民党は「日本国憲法改正草案」を公表し、改憲に向けて動いています。戦後の日本国憲法制定以来続く改憲への動きが具体性を帯びてきたとして、選挙の争点の1つとなっています。そんな中、「改憲派か？ 護憲派か？」が問われる機会も増えてきていますが、そもそも憲法とはどういうものなのか、「実はよくわかっていないかも」という人も多いのではないでしょうか？

憲法とは、国のあり方を定めた基本的なルールで、**「国民主権」「平和主義」「基本的人権の尊重」の三原則**を柱としています。つまり、憲法とは、**主権者である国民の権利や自由を守るために、「政府がやってはいけないこと」と「政府がやるべきこと」について書かれた最高法規**です。

ちなみに、昭和22年（１９４７年）に施行された日本国憲法は75年以上改正されておらず、世界の現行憲法の中では、改正されずに存続した期間がもっとも長い憲法だと言われています。

憲法改正には「国民投票」が必要

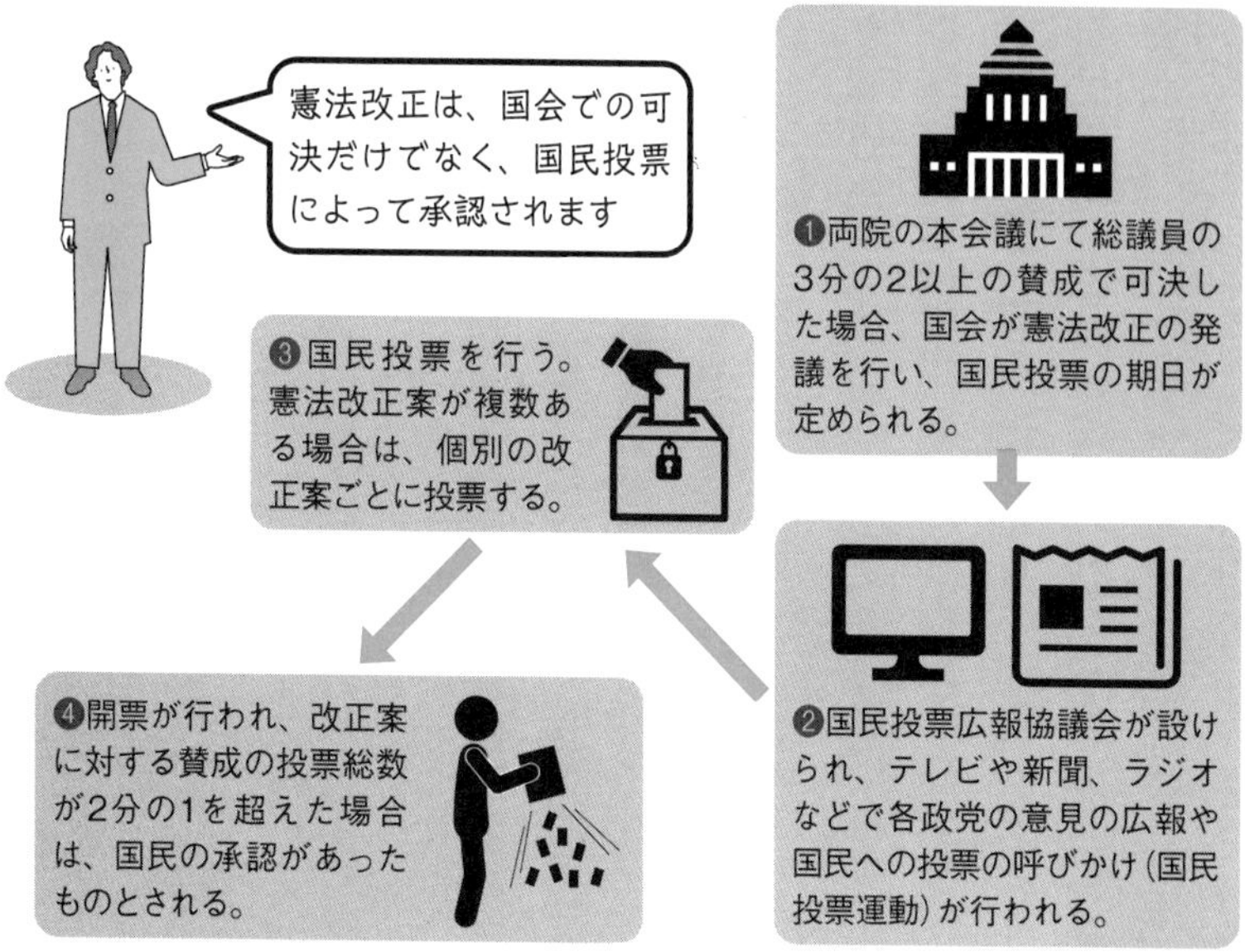

憲法改正は、国会での可決だけでなく、国民投票によって承認されます
❶両院の本会議にて総議員の3分の2以上の賛成で可決した場合、国会が憲法改正の発議を行い、国民投票の期日が定められる。
❷国民投票広報協議会が設けられ、テレビや新聞、ラジオなどで各政党の意見の広報や国民への投票の呼びかけ（国民投票運動）が行われる。
❸国民投票を行う。憲法改正案が複数ある場合は、個別の改正案ごとに投票する。
❹開票が行われ、改正案に対する賛成の投票総数が2分の1を超えた場合は、国民の承認があったものとされる。

最大の争点となっている憲法9条と自衛隊

護憲派の中には、自民党が提出した「日本国憲法改正草案」に対して、政府（国家権力）による国民への強制力を強める内容が含まれているとして、「憲法として不適切」と主張する人がいます。

また、「戦争の放棄」「戦力の不保持」「交戦権の否認」を規定し、日本国憲法の掲げる「平和主義」を示した9条の扱いも、改憲派と護憲派の間で争点となっています。

今の日本政府は、侵略戦争は放棄していますが、自衛のための措置や自衛権の行使は放棄していないという立場を取っています。また、自衛隊は自衛のための必要最小限度の実力で、戦力には当たらないという見解を示しています。

自民党は、現在の自衛隊が違憲状態であるとの指摘が一定数存在していることを問題視しています。その解消のために「自衛隊」を憲法に明記し、さらに、自衛権にも言及することで、もしもの時に国を守れる体制を整えようとしています。

一方で、自衛権を明記した場合、**どのような場合の武力行使が自衛とみなされるか**が次の争点となります。「自衛のため」を理由に他国を攻撃し戦争が始まった歴史や、有事の際に冷静な判断ができないことを想像して9条を議論しなければなりません。

もう1つの大きな争点　「緊急事態条項」の創設

憲法改正に関しては、非常事態の場合には国家権力を制約する憲法秩序を一時的に停止し、非常措置を取れるようにする「緊急事態条項」の創設（97ページ参照）も大きな争点となっています。

現在、自民党、公明党、日本維新の会、国民民主党は憲法改正に賛成もしくは前向きに検討するとし、共産党、社民党、れいわ新選組が反対を表明しています。一方、野党第一党の立憲民主党は、改定の内容を積極的に議論するとしつつも、他の党の改憲案は「改憲のための改憲」であると批判しています。また、立憲民主党は、国民にとっ

9条をめぐる改憲派・護憲派の意見

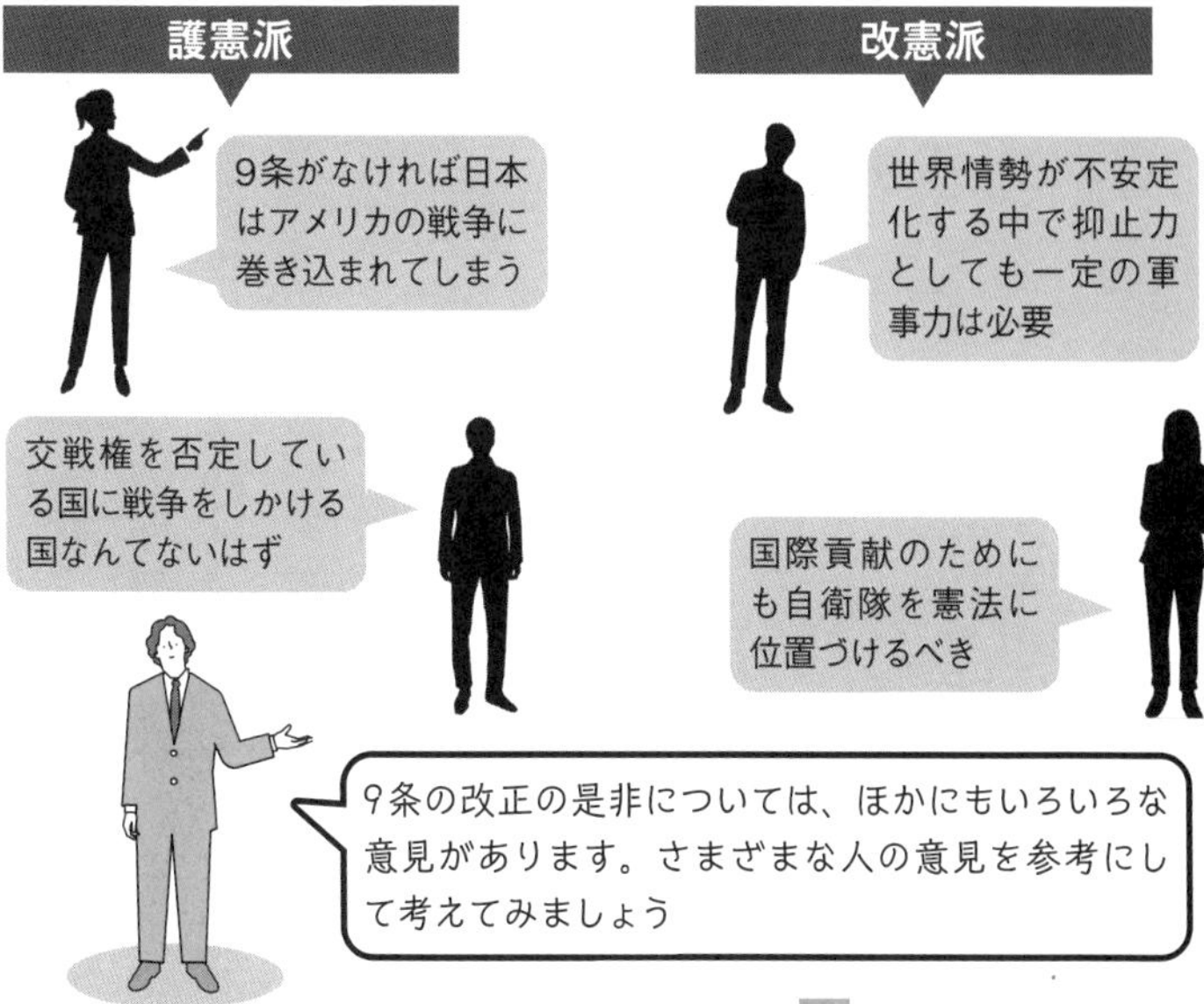
護憲派
改憲派
9条がなければ日本はアメリカの戦争に巻き込まれてしまう
世界情勢が不安定化する中で抑止力としても一定の軍事力は必要
交戦権を否定している国に戦争をしかける国なんてないはず
国際貢献のためにも自衛隊を憲法に位置づけるべき
9条の改正の是非については、ほかにもいろいろな意見があります。さまざまな人の意見を参考にして考えてみましょう

て真に必要な改定を積極的に議論・検討するという「論憲」を掲げ、自民党と連立を組む公明党は、新しい理念などを加える「加憲」を検討するとしています。

現行の「憲法」と「草案」を自分の目で読んで比べてみよう

改憲のことを考える際は、9条や「緊急事態条項」創設に関する各党の見解だけでなく、憲法全体のことやその成り立ちを見る必要があります。

報道やまわり人の意見などをもとにして「改憲か」「護憲か」を早急に判断する前に、まずは**現行の「憲法」と「日本国憲法改正草案」を、自分の目でよく読んで比べてみる**ことをお勧めします。

視点②

「保守」と「リベラル」

改憲を望む「保守」、護憲を望む「リベラル」

「保守」と「リベラル」は政治の報道によく登場する言葉ですが、それぞれにどんな意味や違いがあるのか、ご存じでしょうか?

まず、**保守というのは、「理性の力には限界があり、思い描いた理想をそのまま実現させることは不可能」ととらえて、旧来の風習や伝統を重んじ、それを保存しようとする立場**とされます。

一方、**リベラルは「個人の自由や個性を重んじ、理性の力で世の中を理想的に変革できる」と考える立場**とされています。

日本の「保守」には改憲派が多く、とくに集団的自衛権の行使を盛り込んだ「安全保障関連法」を支持する傾向にあります。また、保守は伝統的な家族の形を重んじる傾向にあり、選択的夫婦別姓には反対の立場をとる人が多いです。

対して、日本の「リベラル」には護憲派が多く、「安全保障関連法」を違憲とし、夫婦別姓に賛成する傾向にあります。

各政党の立ち位置

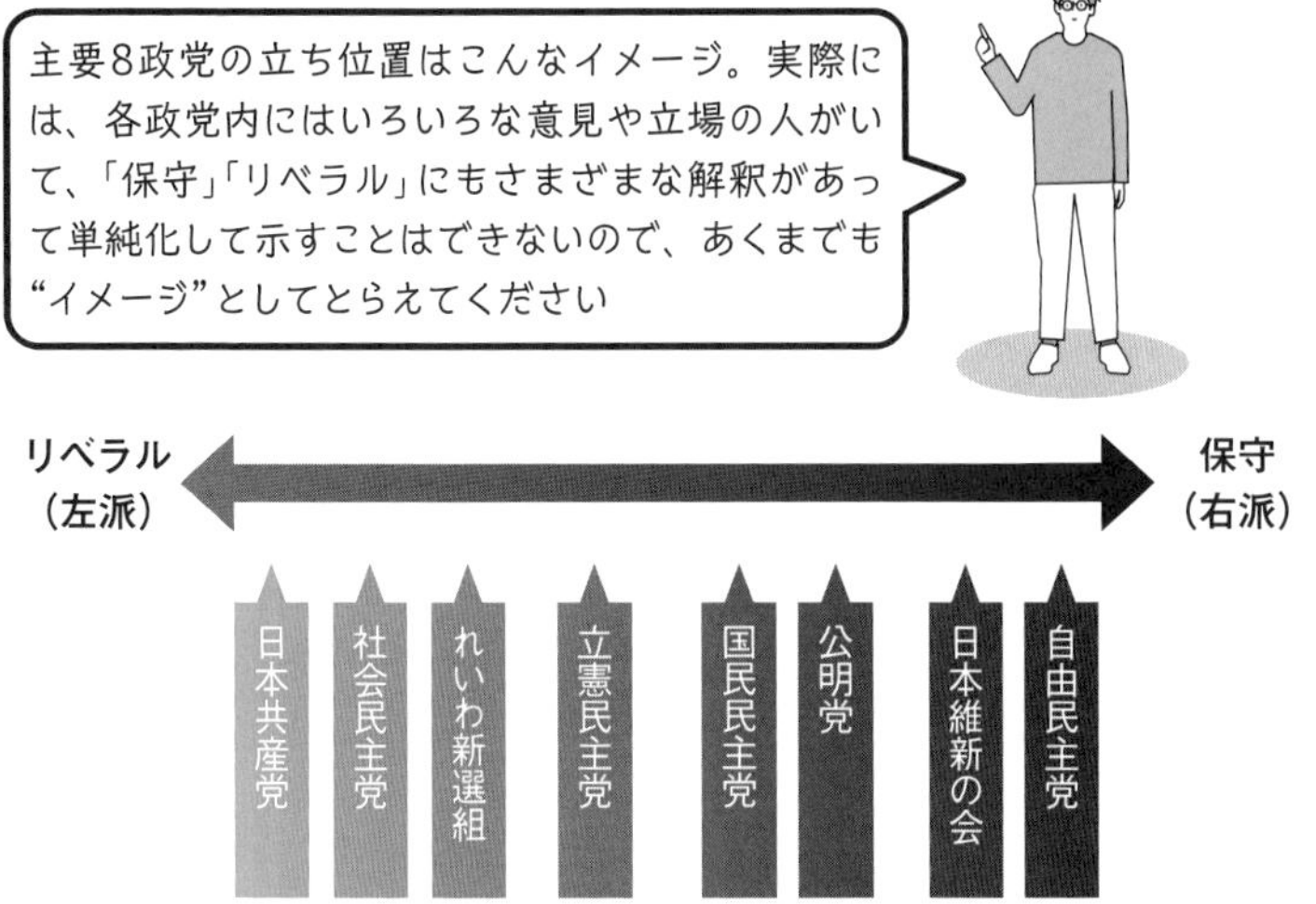

「保守」なのに改憲派と聞いて矛盾していると思う人もいるかもしれませんが、これは日本の保守が、現行の憲法を「保守」的ではなく「リベラル」的だと捉えているためです。戦後にアメリカの影響下で作成され、軍が明記されない憲法は、海外の価値観が混ざり武力を持てない点で、リベラル的と言えます。

アメリカの共和党は「保守」、民主党は「リベラル」ですが、今の日本の政党を大雑把に分類すると、「保守」が自民党、日本維新の会、「リベラル」が共産党、社民党、立憲民主党、その中間の「中道」を公明党、国民民主党などと分けて論じられることが多いです。しかし、実際は単純に分けられるものではなく、とくに自民党内には、保守だけでなくリベラルも多く存在します。また、自民党はリベラルが主流だった時期も長く、保守派が主流になってきたのは2000年代以降とも言われます。2023年現在の自民党の最大派閥も「保守」の安倍派です。

「右派」と「左派」とは？

保守は「右派」「右」、リベラルは「左派」「左」とも呼ばれています。

これは18世紀のフランス革命の時代、議会の議長席から見て、保守派が右側に、リベラル派が左側に座ったことが由来とされています。新聞などで「極右」「極左」といった言葉を見かけることがありますが、これはそれぞれ極端な「保守」「リベラル」を指す言葉です。

ちなみに、新聞社などのメディアも論調によって右派と左派に分類して語られることがあり、一般に「読売新聞」と「産経新聞」は右派、「朝日新聞」と「毎日新聞」は左派とされます。

ただし、**政治の世界も世の中も、「保守×リベラル」という単純な二項対立には当てはまらない論点や、整理できない論点が多数存在しています。**そのため、あくまでも「物の見方や考え方の1つ」程度にとらえておいたほうがいいでしょう。

第4章

「政策・公約」で見る各政党の傾向

実際に各政党が何を主張し、目指しているのかは、政策や公約を見なければわかりません。第4章では、2022年参議院議員選挙の際の政策や公約から、各政党の傾向を読み解きます

2022年の「政策・公約」で見る各政党の傾向

政策や公約を比較することで各党の傾向が見えてくる

前章では支持政党を選ぶための「キーワード」を掘り下げて紹介してきましたが、この章では、2022年の参議院議員選挙（以下、参院選）にて各政党が掲げた政策や公約に焦点を当てます。「各政党の主張の違いがわからない」「自分の意見がどの政党に近いかわからない」という場合は、それぞれの**政策や公約を比較することで、各政党の傾向や主張の違い、重点を置く政策などが見えてきます。**

ちなみに、政党にはその活動を支援する支持団体があります。たとえば、自民党であれば日本経済団体連合会（経団連）、公明党なら創価学会、立憲民主党の場合は日本労働組合総連合会（連合）と日本教職員組合（日教組）、社会民主党は全国労働組合連絡協議会（全労協）などです。各政党の政策には、それら支持団体の意見が反映されている場合もあるため、支持団体と政策の関連性も意識しておくとよいでしょう。

政策比較① ▶ 経済・景気対策

2022年参院選
各政党の経済政策のスローガン

自民党	「新しい資本主義」で、"強い経済"と"豊かさを実感できる社会"を創る
立憲	国民の能力を最大限に引き出す「正しい資本主義」に転換
公明党	「人への投資」を抜本的に強化し、経済成長や雇用・所得の拡大につなげる
共産党	弱肉強食の新自由主義を転換して「やさしく強い経済」に
維新	「日本大改革」に向けた税制改革・社会保障制度改革・規制改革
国民	「給料が上がる経済」を実現
れいわ	消費税は廃止で景気回復へ
社民党	賃金アップや社会保障の拡充による「ボトムアップの経済政策」
NHK(※)	規制を緩和して国民の経済活動をより自由にする

スローガンを見比べると各党の主張が見えてくる

各政党が掲げるさまざまな経済政策について、その根本的な発想を示すのが、公約や政策集に記載される「スローガン」です。経済成長をどのように実現するか、どのような経済を実現したいのか、各政党が特に重視するポイントは何かといった大まかなイメージが、スローガンを読み解くことで見えてきます。**スローガンは、いわば政策や公約の「顔」のようなもの**なので、最初に確認しておくことをお勧めします。

※本章では各政党の名称を、本文では正式名称で、図では略称で記載しています。また、「政治家女子48党」(2023年7月現在)については、2022年参院選当時の政党名「NHK党(略称:NHK)」で表記しています。

2022年参院選

論点 成長と分配

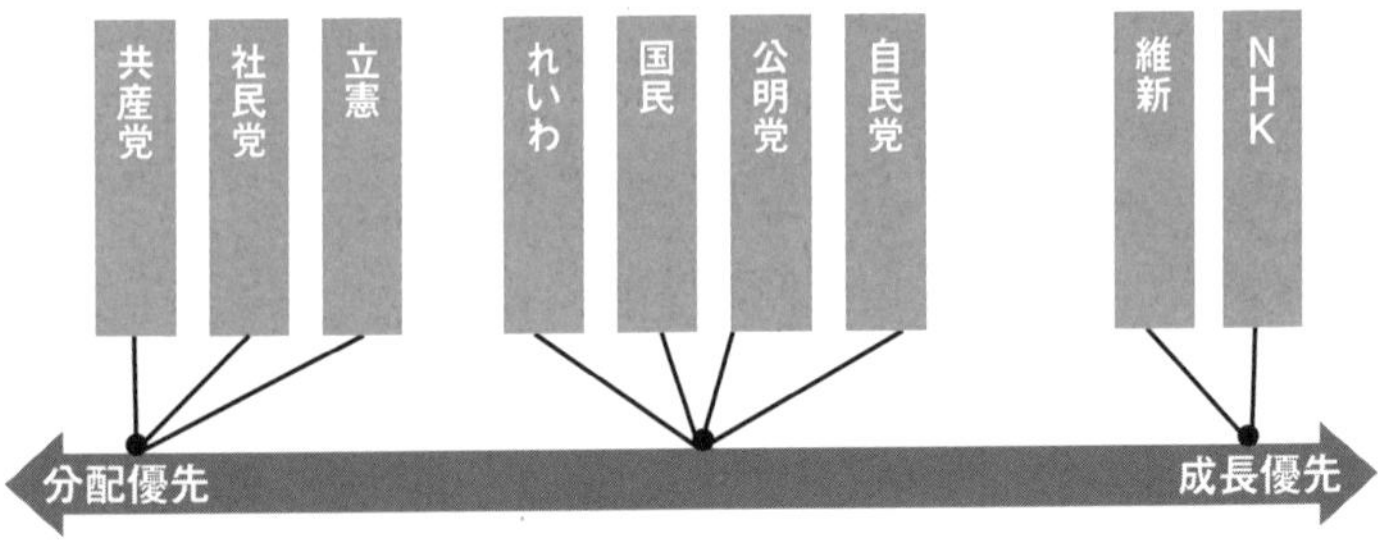

Point

- 成長の優先が社会的弱者を取り残すことにならないか？
- 分配を優先する際、その財源はどうするのか？
- 分配が選挙での人気とりのためのバラマキになっていないか？
- 分配によって本当に景気回復を図れるのか？

「成長」と「分配」どちらが先か？

経済成長を優先し、賃金を向上させることで分配するのか？　あるいは、まずは分配することで内需や消費を拡大し、経済成長を実現するのか？　この「成長と分配」に関して、どのような指針や政策を掲げているかは、各政党の経済政策を考えるうえで重要なポイントです。２０２２年の参院選前には、自民党は経済成長を実現して分配政策に取り組むとし、立憲民主党は、金融所得課税の強化などで分配を優先すべきと主張しました。

2022年参院選

論点　円安対策

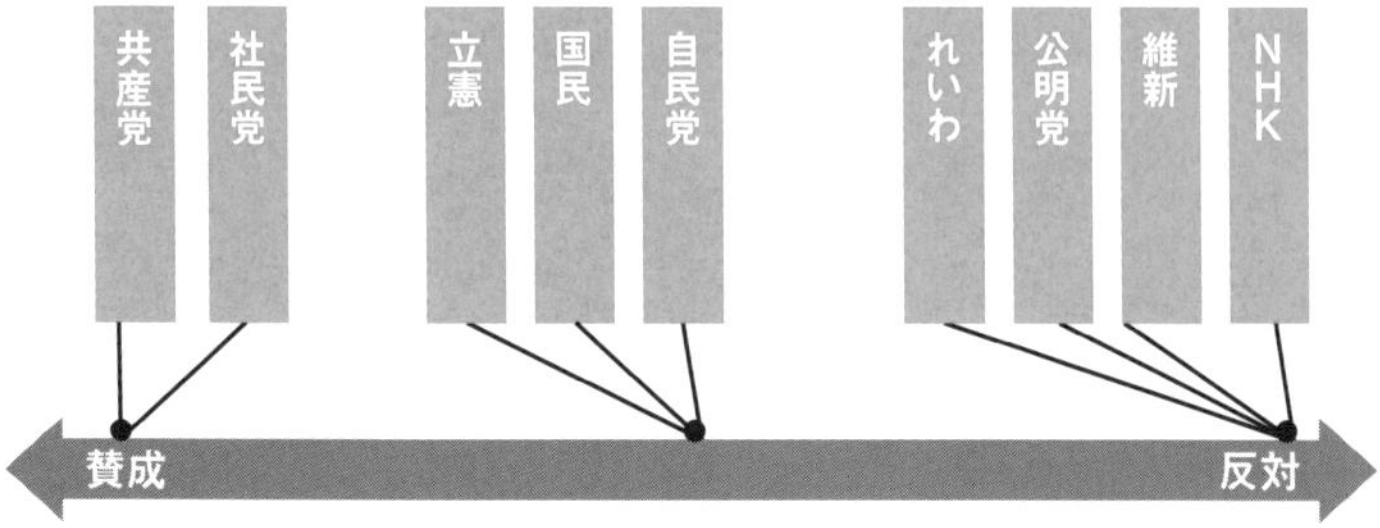

Point

・市場介入のために投じた資金に見合う効果が期待できるのか？
・本来は市場原理で動くべき相場に国が介入するのは正しいのか？
・政府と日銀が進めてきた金融の異次元緩和が急激な円安の一因とする意見も。

急激な円安の対抗措置 積極的にするべきか否か

急激な円安は国民の生活を圧迫します。**政府や日銀は、そうした事態に積極的な対抗措置をとるべきなのでしょうか。**日本維新の会や公明党、れいわ新選組などは、「規制導入は慎重にやるべき」という立場から、積極的な対抗措置については反対意見でした。一方で「どちらでもない」という立場の立憲民主党は、市場との対話を通じて異次元緩和（※）を見直すべきと主張。社会民主党と日本共産党は賛成という立場でした。

※異次元緩和…量的・質的金融緩和。市場への資金供給量を増やしデフレ脱却を目指すために日銀が行った金融政策。

2022年参院選

論点 財政政策の方向性

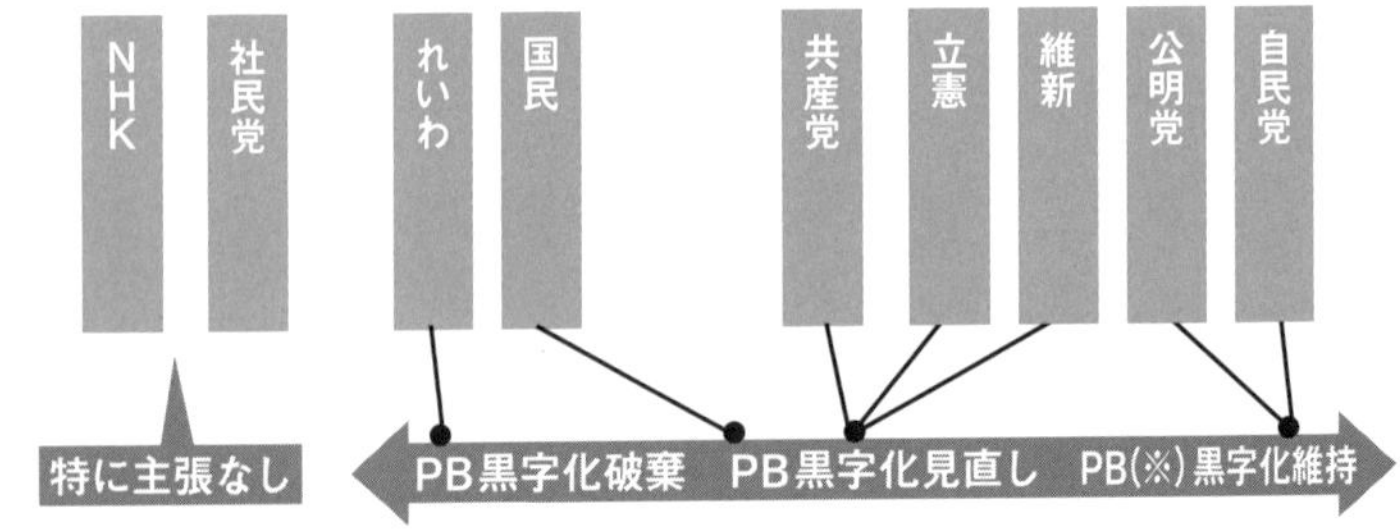

Point

・借金が膨らみ続けることで将来世代の負担は増え続ける。

・経済成長により借金を解消できるとする考え方もあるが、経済成長のための具体策がなければ説得力をもたない。

借金解消と経済再生どちらを優先すべきか？

財政政策は、国の支出はなるべく税収で賄い借金を減らそうとする財政健全化路線と、積極的な国債発行により国の支出を増やすことで民間経済活動の拡大を図る積極財政路線に分かれます。自民党は財政健全化と経済再生の両立を目指す立場ですが、具体策が見えないとの意見も。対する立憲民主党も財政の健全化を主張していますが、一方で消費税の引き下げを主張するなど、こちらも「現実的ではない」として批判する声も。

※PB…プライマリーバランス（基礎財政収支）。国（政府）の財政収支のことで、赤字であれば政府の借金が増えていることになる。

2022年参院選

論点 消費税

※以下の消費税に対する各政党のスタンスは、コロナ禍の影響により収入面で苦境に陥った人が多かった状況下のものであり、平時のスタンスとは異なる可能性もある。

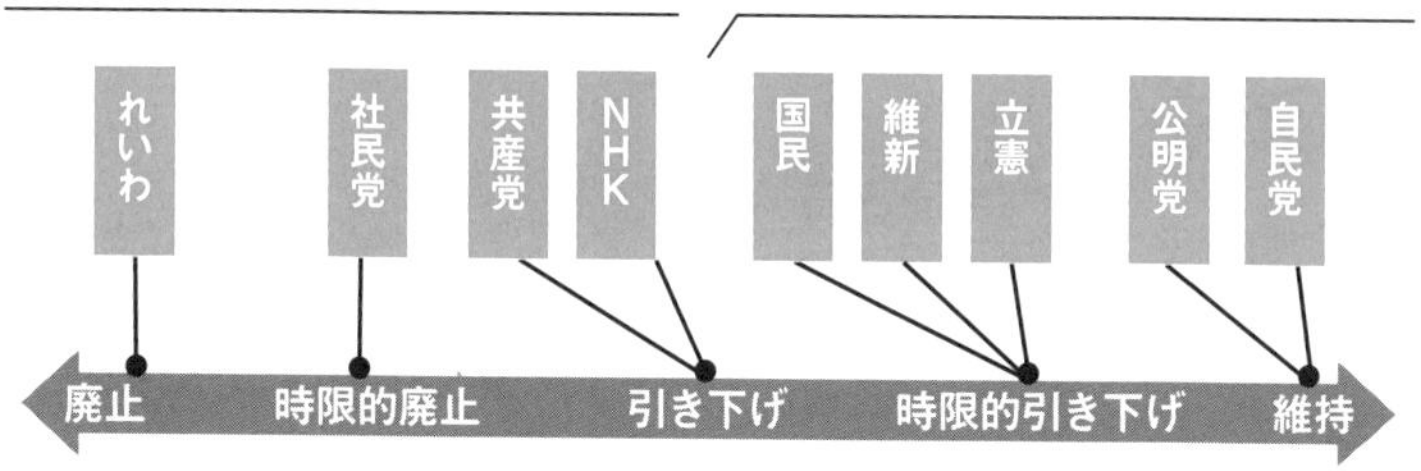

論点 法人税

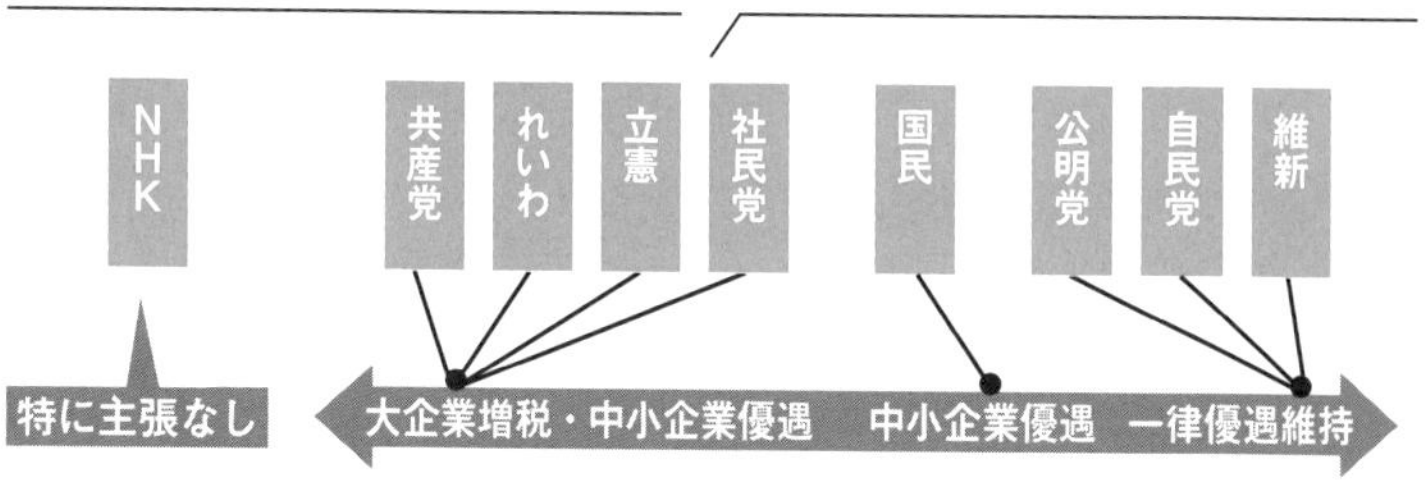

税金をどうしていくことが経済のためになるのか

消費税は、世間的にも注目度の高いテーマです。コロナ禍という緊急事態を受け、廃止、時限的廃止、引き下げ、時限的引き下げなど減税派が多くを占める中、自民党と公明党は税制全体を見直したいとの理由で現状維持を主張。一方、過去の**法人税率引き下げによって賃金ではなく企業の内部留保が増大した**との批判を受けてか、複数の政党が法人税率の引き上げや、投資に積極的な企業への税金優遇などの政策を提案しました。

2022年参院選

論点 所得税・金融資産課税

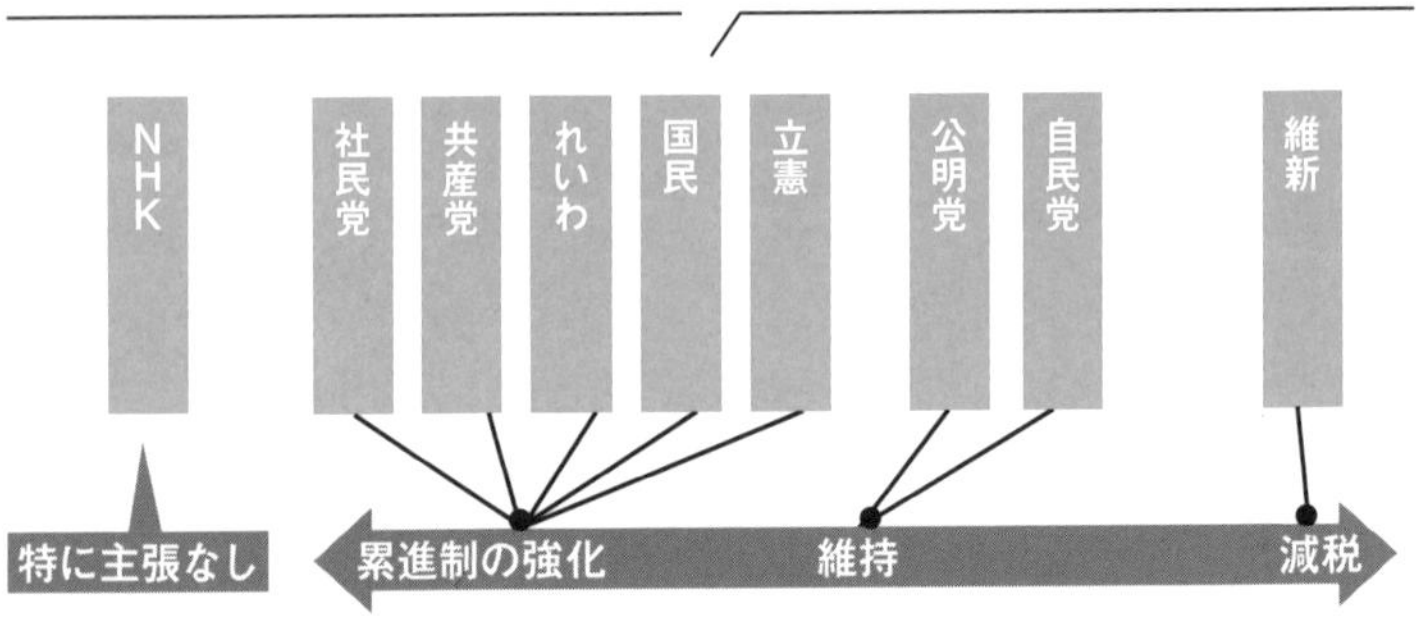

Point

- 法人税や所得税の増税、金融資産課税は、格差是正や分配のための財源として考える政党もある。
- 増税が景気後退を招く可能性もある。
- 選挙での人気取りのための減税案ではないか疑ってみる必要も。

不景気と物価高の中でどんな税制措置が必要か

国の財政や、国民への所得の再分配を考えるうえで、所得税や金融資産への課税のあり方は重要な問題です。また、富裕層との格差是正や公平な税制の実現といったさまざまな課題がある中、**各政党がどの（誰の）方向を向いているかによって、注力する政策も変わってきます**。

所得税と金融資産課税は、景気や投資などに直結する課題でもあるため、慎重さが求められるテーマでもあります。

政策比較③ 外交・安全保障

2022年参院選

論点 日米同盟

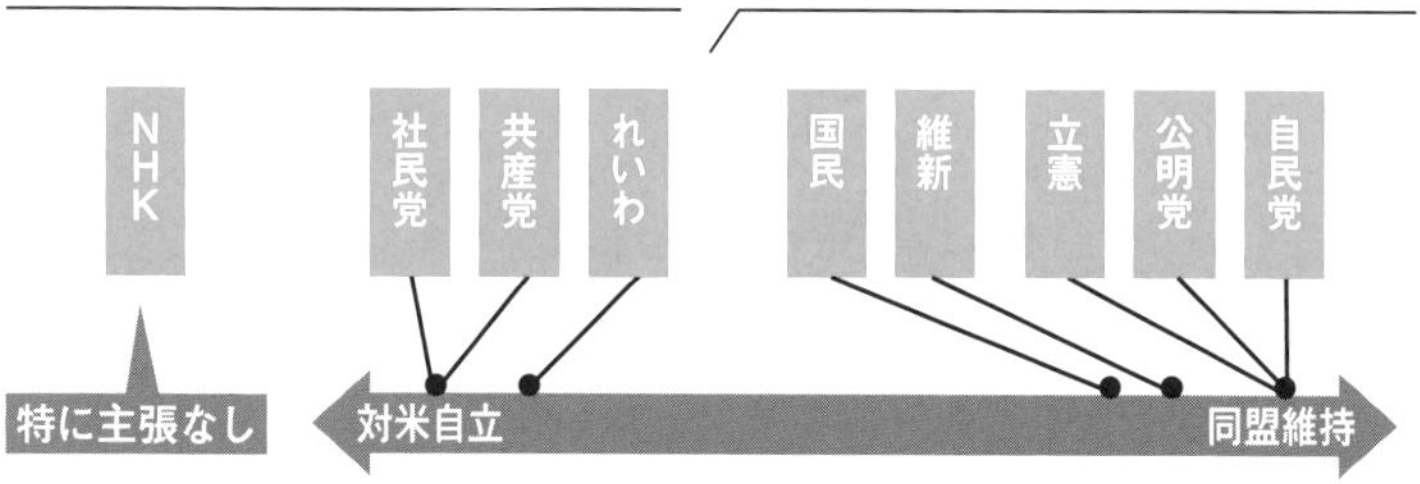

Point

- 現在の日本の安全保障はアメリカの軍事力によって成り立っていると考える人が多い。
- 同盟するアメリカが戦争を起こした場合、日本が巻き込まれる可能性も。
- 日米同盟を解消した場合、今以上の防衛費が必要となり経済的圧迫となる可能性が高い。

日本の安全保障の基軸である日米同盟をどうするのか

日本の安全保障は日米同盟が基軸となっており、主要政党のほとんどは同盟維持を主張。一方、社会民主党、れいわ新選組、日本共産党は、日本はアメリカから自立して中立的立場から外交に注力するべきという考え方から、日米同盟の見直しを主張しています。

今や**軍事・経済の両面で2大強国となった米中の狭間にある日本**が、どのような立ち位置で安全保障を考えるかは、今後ますます重要な課題となっていくでしょう。

2022年参院選

論点 敵基地攻撃能力（防衛体制）

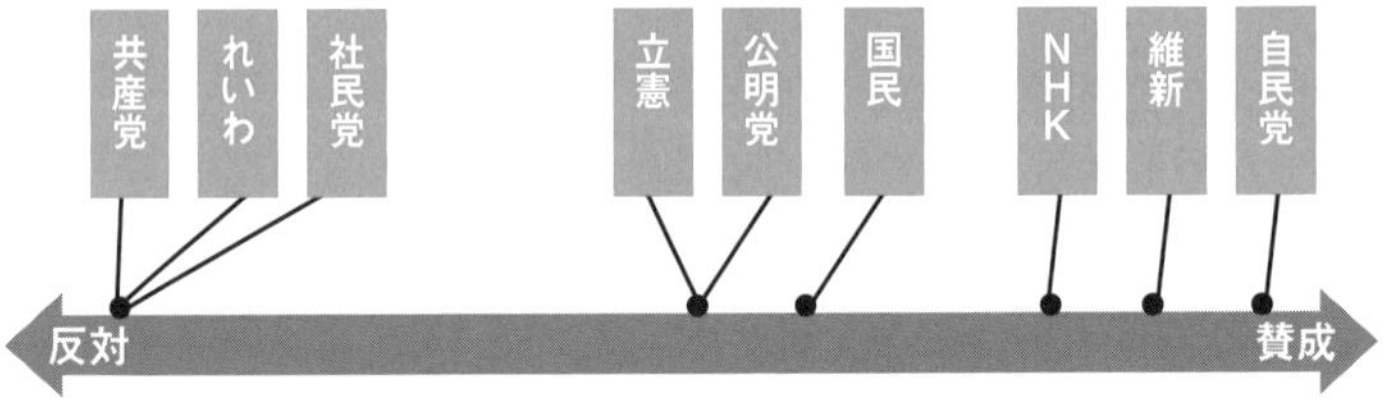

論点 防衛費の増額

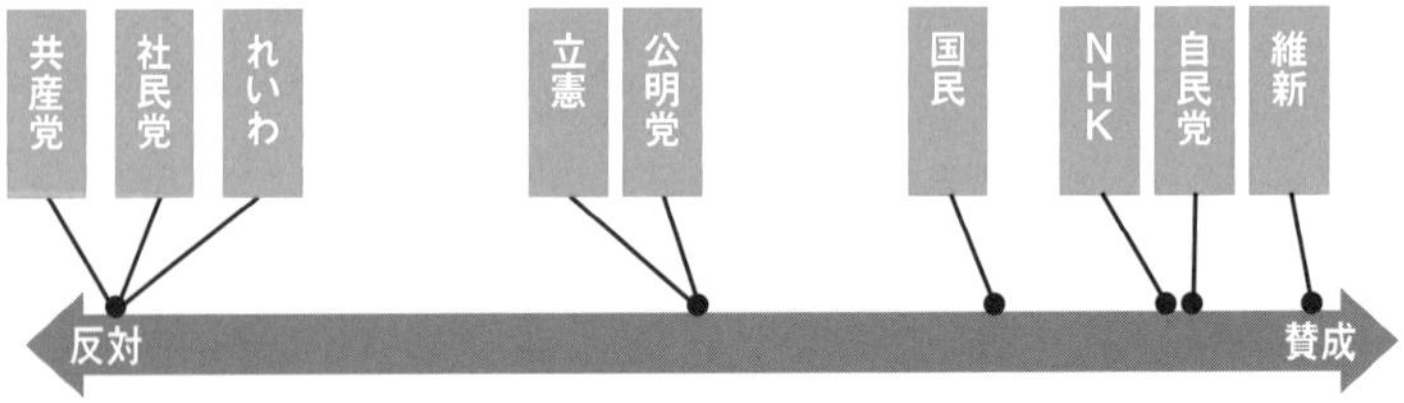

敵基地攻撃能力を持つべきか否か

東アジア地域における安全保障上の不安が高まる中、外国にあるミサイル発射拠点などを攻撃する**敵基地攻撃能力を日本も保有すべきか否か**の議論が高まっています。この件に関しては保守系（自民党など）とリベラル系（社民党など）で意見が割れており、それ以外の党も慎重に議論していくべきというスタンスです。

また、外交・安全保障政策については、**防衛費を増額すべきか否か**も重要な争点です。

日本が抱える主な外交問題

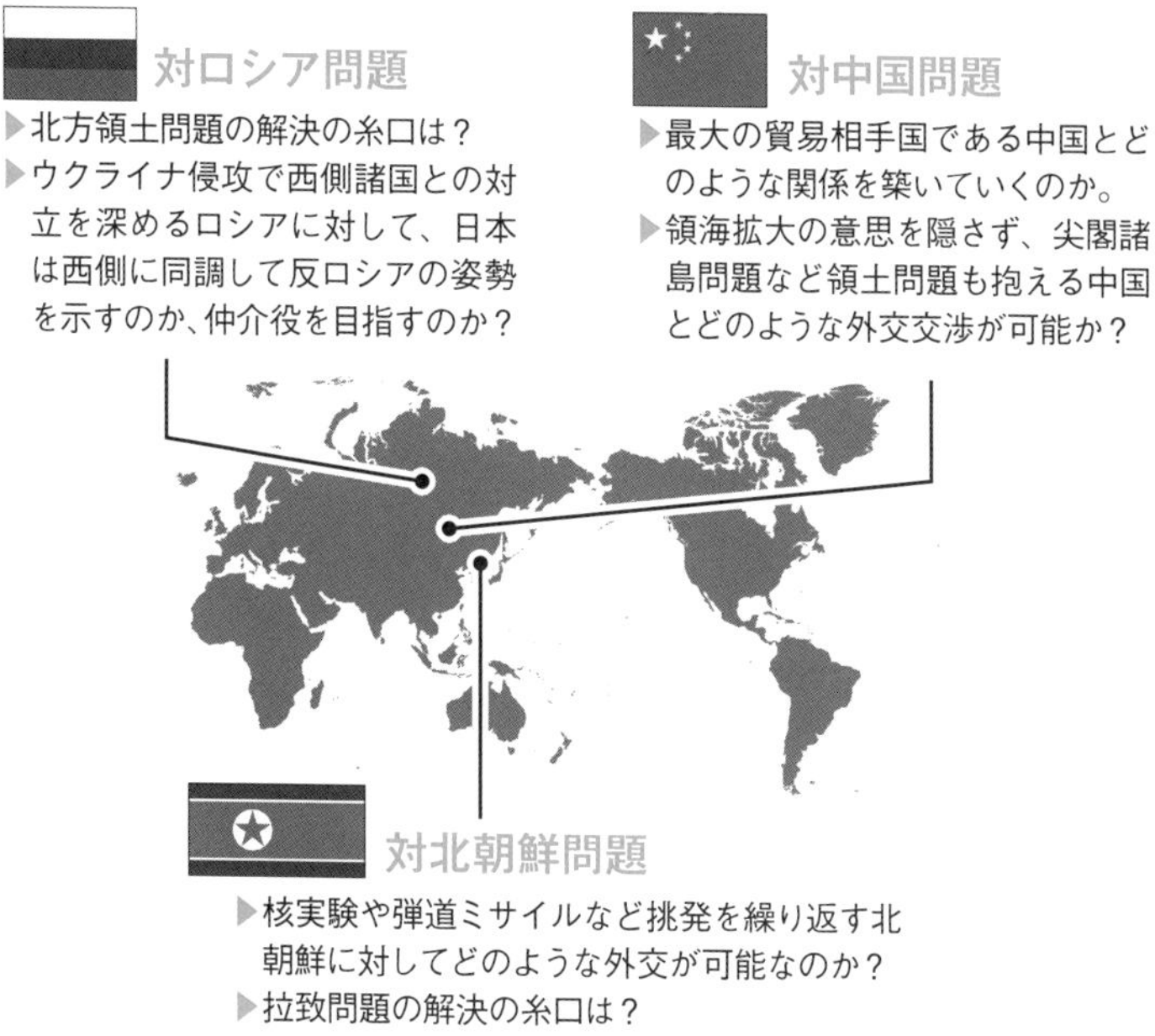
対ロシア問題
▶北方領土問題の解決の糸口は？
▶ウクライナ侵攻で西側諸国との対立を深めるロシアに対して、日本は西側に同調して反ロシアの姿勢を示すのか、仲介役を目指すのか？
対中国問題
▶最大の貿易相手国である中国とどのような関係を築いていくのか。
▶領海拡大の意思を隠さず、尖閣諸島問題など領土問題も抱える中国とどのような外交交渉が可能か？
対北朝鮮問題
▶核実験や弾道ミサイルなど挑発を繰り返す北朝鮮に対してどのような外交が可能なのか？
▶拉致問題の解決の糸口は？

日本が抱える主な安全保障上のリスク

日本の安全保障に関する問題は山積みです。たとえば、日本と中国は経済的に深いつながりを持つ一方で、尖閣諸島などの領土問題や台湾問題など、デリケートな問題も多く抱えています。また、ロシアとは北方領土問題があります。日本は2022年のロシアによるウクライナ侵攻を受けてロシアに経済制裁を行ったことから、同国との関係が悪化しています。また、弾道ミサイルの発射を繰り返す北朝鮮との関係も大きな課題です。

2022年参院選

論点▶原子力発電の稼働の是非

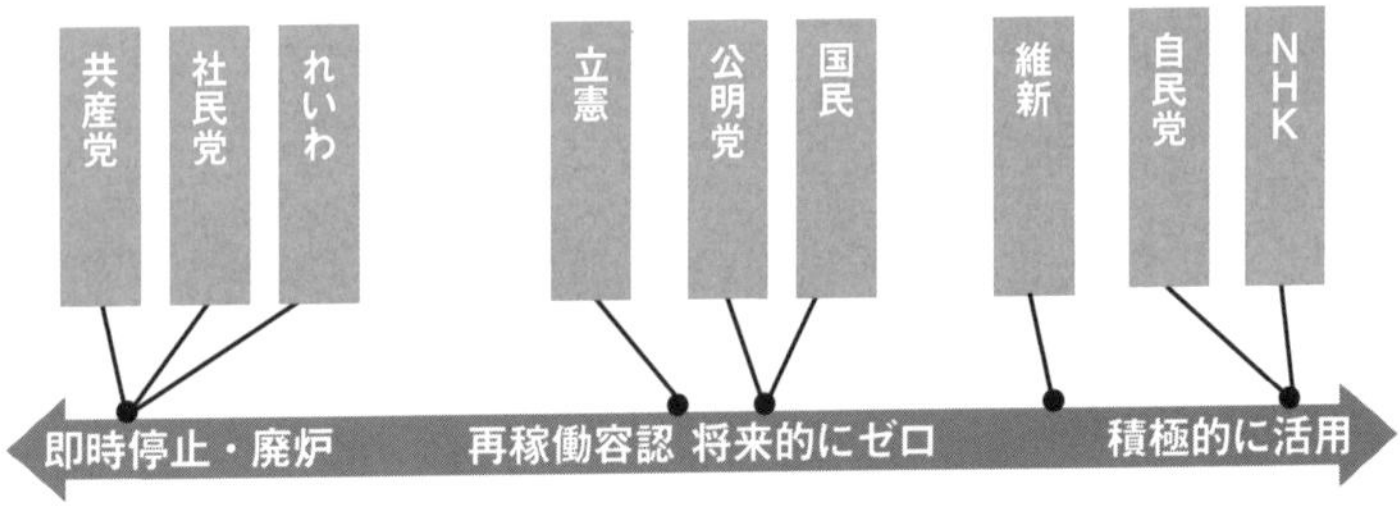

Point

・再生可能エネルギーの大幅導入の課題はコストだが、将来的には低コスト化が進むとの見通しも。

・円安とエネルギー価格上昇による電気代高騰を受けて、2023年現在、世間では原発の新設や運転延長の賛成派が増加傾向に。

原発を即刻ゼロにするのか積極的に活用していくのか

原発の稼働については、即刻停止を主張する党、将来的にゼロを目指すとする党、積極的活用を主張する党に分かれています。また、日本政府が掲げた2050年のカーボンニュートラル（※）実現に向け、どの党も再生可能エネルギーの導入推進を掲げていますが、経済・産業界との連携や調整だけでなく、技術開発や莫大な投資なども必要となるため、そうした**課題をどうクリアするかの具体策にも目を向けるべき**でしょう。

※カーボンニュートラル…温室効果ガスの排出量と吸収量を均衡させる（全体としてゼロにする）こと。

2022年参院選

論点 2030年の気候危機対策目標

自民党
- 2030年までに温室効果ガス46～50%削減
- 2050年までのカーボンニュートラルを目指す

社民党
- 温室効果ガス：2030年60%、2050年100%削減
- エネルギー消費：2030年40%、2050年70%削減

公明党
- 2030年温室効果ガス46%削減
- 2050年カーボンニュートラル達成

共産党
- 2030年までにCO^2を50～60%削減（2010年度比）
- エネルギー消費4割減、2050年までに実質ゼロ

維新
- 2030年までに温室ガスを46%削減
- 2050年までにカーボンニュートラル

立憲
- 2030年温室効果ガス排出を55%以上削減
- 2050年までにカーボンニュートラル

国民
- 2050年カーボンニュートラル社会の実現
- 2050年までのカーボンニュートラルを目指す

れいわ
- 2030年までに温室効果ガス排出料50%以上削減
- 2050年のカーボンニュートラル達成

※記載の削減比は共産党以外いずれも2013年比

気候変動に向けた各党の公約は

気候変動に関する政府間パネル（IPCC）の報告書は、深刻な気候変動の影響を抑えるためには、二酸化炭素の排出量を世界全体で約45%削減する必要があるとしています。各政党も積極的に気候変動・エネルギー政策を掲げていますが、**現状では、それらが実施可能かどうかは未知数というのが実情です**。しかし、とくに先進国間では気候変動対策の重要度は増しており、国をあげての取り組みが不可欠です。

2022年参院選

論点▶最低賃金

賃上げ目標

れいわ	中小企業支援と、不足分は国が負担し全国一律1500円の最低時給を実現
共産党	社会保険料軽減を中心とした中小企業支援で全国一律最低賃金1500円を実現
立憲	中小零細企業を中心とした公的助成により時給1500円を目標として最低賃金を段階的に引き上げる
社民党	中小零細企業への支援等で全国一律の最低賃金1000円以上、最終的には1500円以上を実現
国民	中小企業支援を強化し、「全国どこでも時給1150円以上」を早期実現
公明党	年率3%以上を目安に引き上げ、2020年代前半に全国加重平均1000円超、2020年半ばに半数以上の都道府県で1000円以上へと引き上げる
自民党	地域間格差を配慮しつつ、中小企業等への支援によって全国加重平均1000円以上を目指す

特に主張なし▶ 維新　NHK

政党によって異なる最低賃金の目標と時期

賃上げについて、目標を一番高く設定しているのが、全国一律で最低賃金を時給1500円としているれいわ新選組と日本共産党です。対して、低く設定しているのが自民党と公明党です。

格差是正にもつながる最低賃金の引き上げは、日本人の大多数を占める被雇用者にとってはよいことなのですが、**企業の人件費の負担増による設備投資の抑制や、雇用そのものの減少などを懸念する声もあります。**

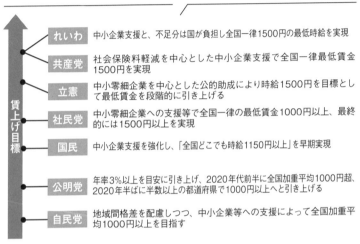

「働き方」に関する主な論点

待遇格差

・「同一労働同一賃金」（または「同一価値労働同一賃金」）拡大による格差是正
・男女間賃金格差の是正
・正社員への転換支援　など

雇用の安定・創出

・景気後退による失業対策
・企業と求職者のマッチング制度
・解雇規制法の策定
・学び直し支援　など

賃上げ

・労働分配率の引き上げ
・内部留保の放出による賃上げ促進
・賃上げ企業に対する減税などの優遇
・取引適正化による中小企業支援　など

政策から見えてくる働き方に関する各党の考え

「働き方」については、待遇格差や雇用の安定と創出、男女格差の是正などさまざまな課題があります。近年の物価高の影響で日本経済が落ち込む中、「働き方」に関する有効な政策の提案と実施は、政府にとっても急務と言えます。また、「働き方」に関する政策は、単なる労働環境の向上や格差是正ばかりでなく、女性の社会進出、定年後の高齢者雇用、**出生率など、日本が抱える多くの緊急課題と密接に関わる重要なテーマ**です。

2022年参院選

論点 ▶ 高等教育の無償化

完全無償化 ↑

れいわ	・教育の完全無償化と奨学金徳政令
維新	・教育の全過程における完全無償化を憲法上の原則として制定
共産党	・授業料を半減させ将来的には無償化と入学金廃止 ・奨学金は給付制を中心に拡充
社民党	・高等教育までの教育費の無償化と今後の奨学金は原則給付型
立憲	・国立大学の授業料無償化とその他の学生の授業料減額 ・奨学金制度の拡充で生活費等の支援
公明党	・奨学金を柔軟に返還ができる制度へ拡充 ・給付型奨学金と授業料等減免を多子世帯や中間所得層まで拡充
自民党	・多子世帯や中間所得層の修学支援拡充と「出世払い」制度を大学院へ先行導入
国民	・授業料の減免・給付型奨学金を中間所得層まで拡充

支援制度の拡充

特に主張なし ▶ NHK

対策が急がれる少子化問題

少子化対策として、幼児教育・保育の無償化は無視できない課題です。現在、3~5歳児および住民税非課税世帯の0~2歳児を対象とした無償化が実現していますが、完全無償化には至っていません。また、各家庭の教育費用の負担軽減および教育格差の是正を目的とした高等教育（※）の無償化も検討されていますが、多額の財源を要することもあり、まずは奨学金返済負担の抜本的軽減策を構想すべきとの意見もあります。

※高等教育…初等教育（小学校）、中等教育（中学校・高等学校）修了後の、大学や大学院、専門学校などを指す。

公的年金制度の課題

社会保障制度は、大きく「社会保険」「社会福祉」「公的扶助」「保健医療・公衆衛生」の4つに分けられますが、なかでも大きな課題とされるのが社会保険の1つである「年金」です

単身で低所得の高齢者の増加	急速な少子高齢化による年金財政の不安定化
国民の年金制度に対する不安感・不公平感の高まり	国民年金保険料の未納者の増加

こうした現行制度に起因する問題点や世代間の不公平を解決するため、税金を財源とする方向への見直しが進められています。このことを踏まえて、各政党の政策を見比べてみましょう

人生100年時代に向けた社会保障制度改革とは？

少子高齢化が進む中、**国民の生活を支えるセーフティーネットである社会保障制度は改革の必要性に迫られています。**改革を進めるに当たっては、持続可能な運用制度や財源などさまざまな論点があります。基本的には「年金制度」の改革を掲げる党が多い中、日本維新の会はベーシックインカムも視野に入れた提案をしています。

また、高齢化問題については、介護分野での人手不足や給料の低さなども課題となっています。

2022年参院選

論点 選択的夫婦別姓制

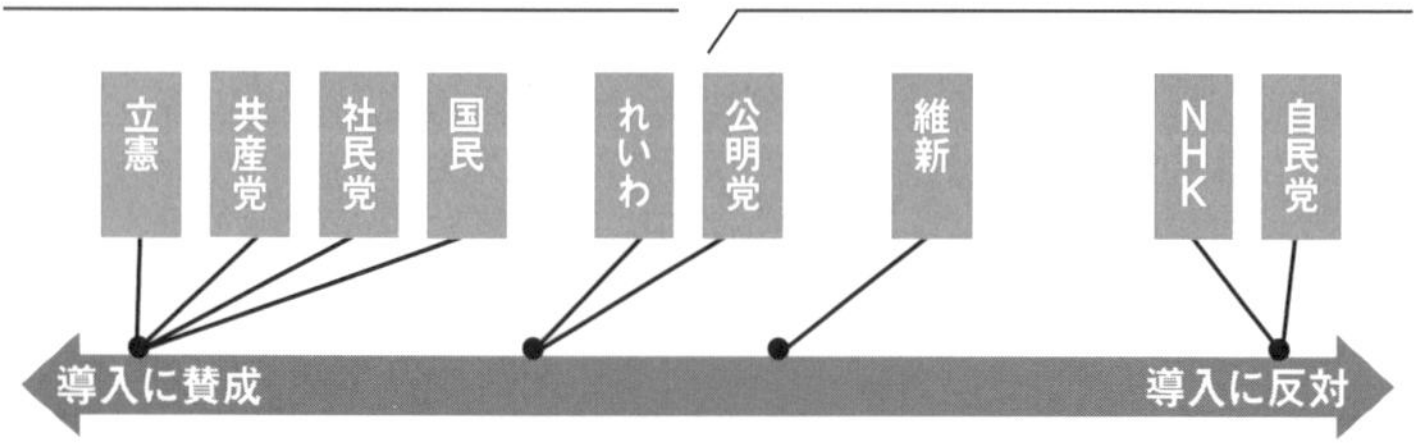

論点 同性婚・パートナーシップ制度

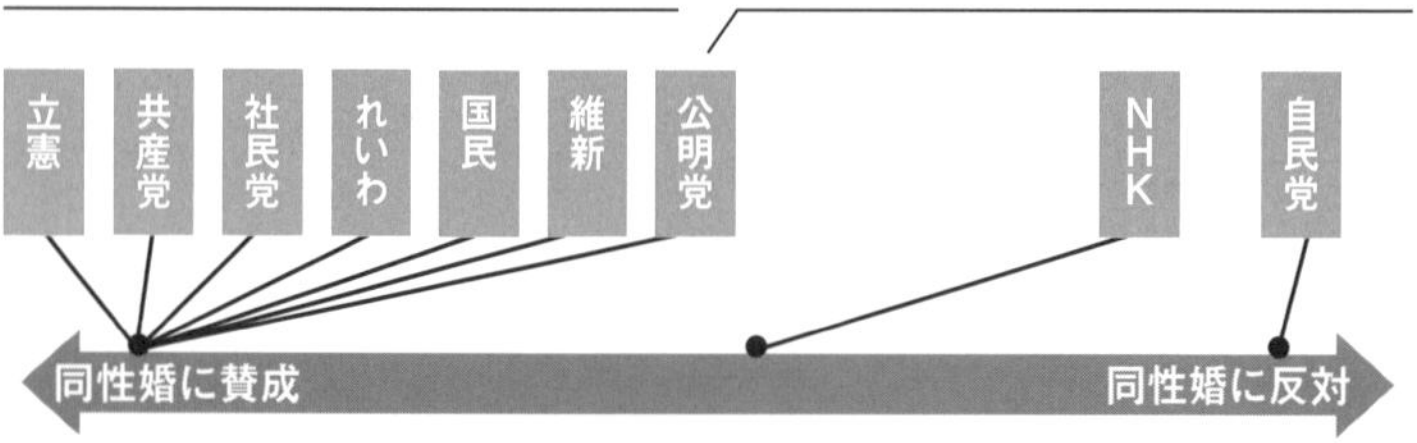

選択的夫婦別姓制度と同性婚の是非

近年、女性の社会進出や権利保護、男女平等の実現のための「選択的夫婦別姓制度」導入の是非が議論になっています。大半の政党は同制度の導入に賛成していますが、自民党は公約に明記しておらず、党内でも意見が分かれ、議論が続いています。

ほかにも、社会における男女格差是正や同性婚・パートナーシップ制度など、ジェンダーやLGBTQ+に関する各政党の政策を比較してみましょう。

移民・外国人に関する政策の論点

出入国・在留管理、難民保護

人権侵害を指摘された出入国管理及び難民認定法は、自民党らによる改正案が提出され衆議院で可決されたが、立憲民主党らは改正案が不十分として対案を提出した。

技能実習制度

日本の技術を開発途上国の人たちが学ぶという国際貢献を目的とした制度だが、賃金の未払いや実習生の失踪などが問題視され廃止に。新たな制度が検討されている。

2023年の入管法改正案では、難民認定3回目以降の申請者の強制送還が可能になったことから、移民や難民の命を危険にさらす「改悪案」だとして反対する声もあります

外国人の権利・機会の保障

2016年に「ヘイトスピーチ解消法」、2019年に「日本語教育推進法」などが成立。各政党は、さらなる外国人の権利保障や差別禁止のための政策を打ち出している。

多文化共生社会を目指して各党が考える政策とは

グローバル化の進展に伴い日本で暮らす外国人が年々増える一方、**差別や偏見のない多文化共生社会の実現については、いまだ課題が山積**しています。とくに、外国人女性が名古屋市の入管施設で死亡した事件をきっかけに改正案が提出された出入国管理及び難民認定法（入管法）や、多くの問題点が指摘され廃止が決定された技能実習生制度などは、どんな国籍の人でも安心して日本で暮らせるようにするための重要な議題です。

2022年参院選

論点 憲法改正へのスタンス

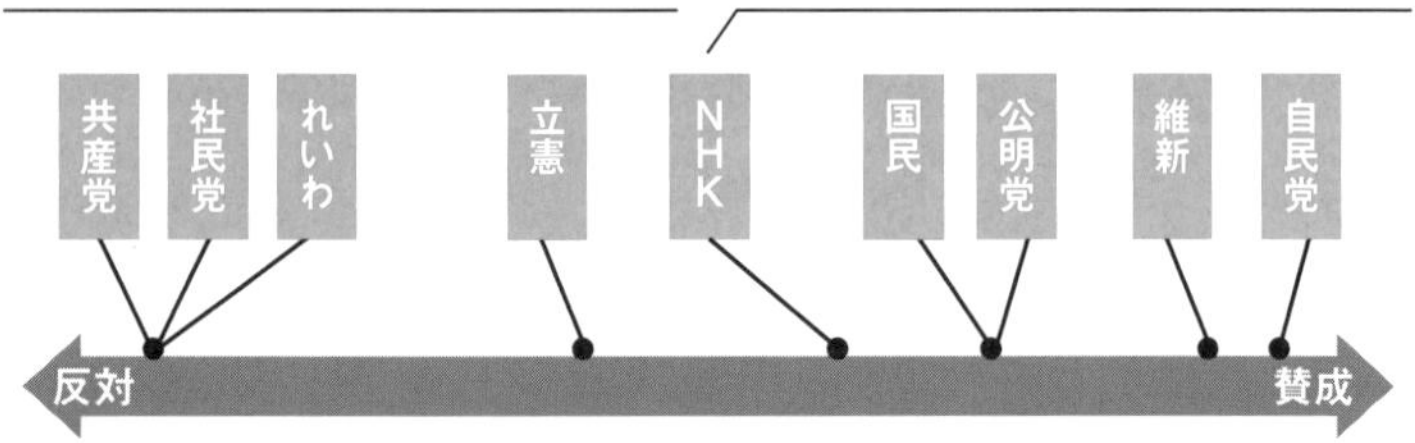

論点 9条における自衛隊の明記

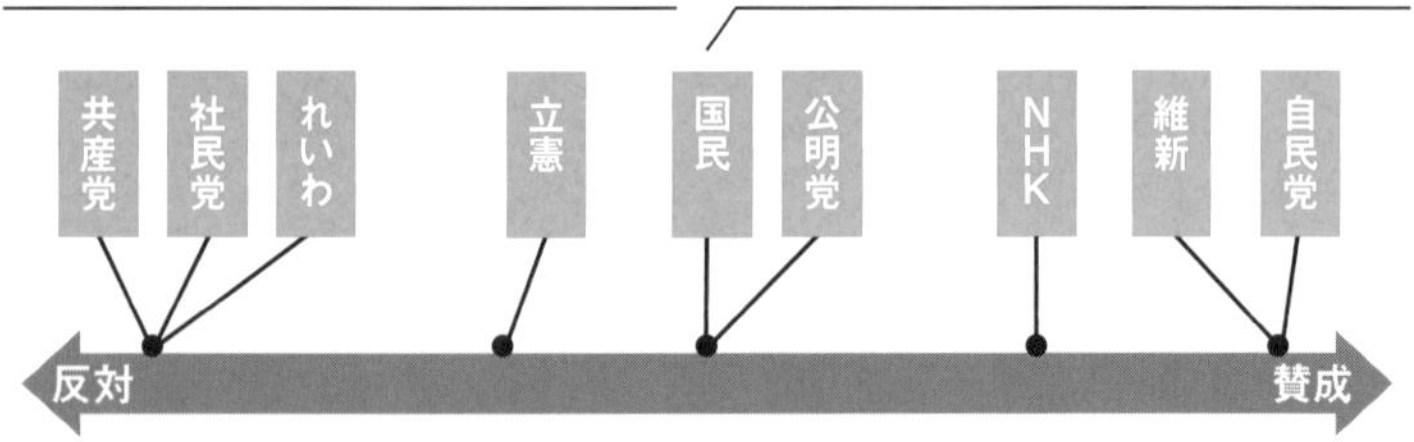

自衛隊の9条明記で分かれる各党の主張

現在、**自民党は「戦力の不保持」を掲げる憲法9条に自衛隊の存在を明記することを提案しています**が、その裏には自衛隊の違憲論争に終止符を打ちたいとの思惑があると言われています。日本維新の会は自民党とほぼ同じ主張で、国民民主党や公明党は、まずは議論を進めるべきという意見です。立憲民主党や社会民主党、れいわ新選組は、憲法への自衛隊の明記には反対、日本共産党は将来的な自衛隊の解消を訴えています。

2022年参院選
論点 緊急事態条項創設

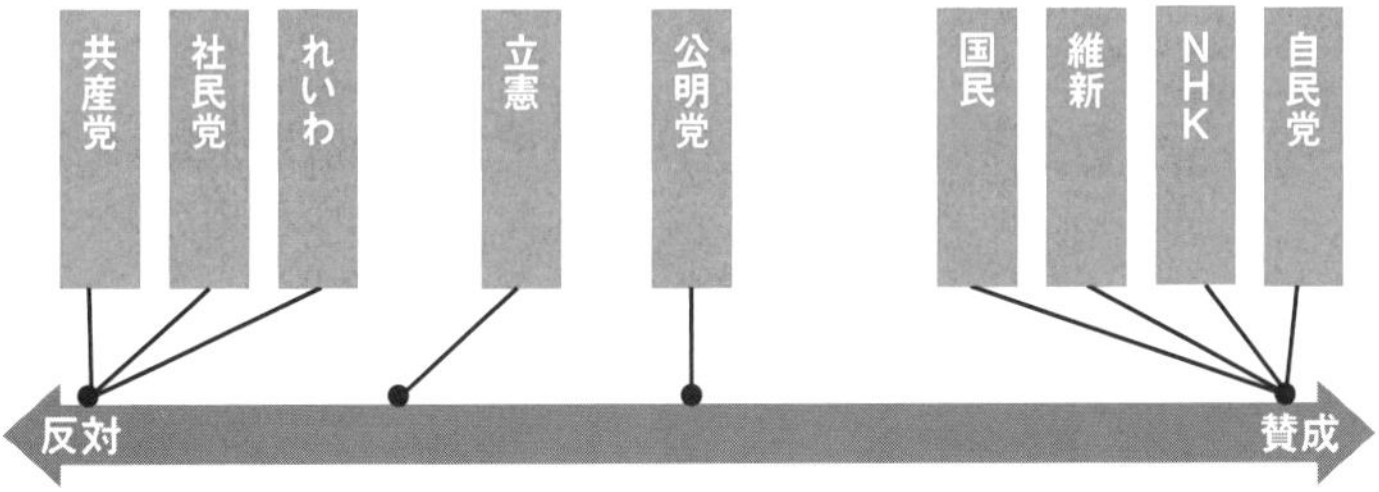
共産党
社民党
れいわ
立憲
公明党
国民
維新
NHK
自民党
反対
賛成

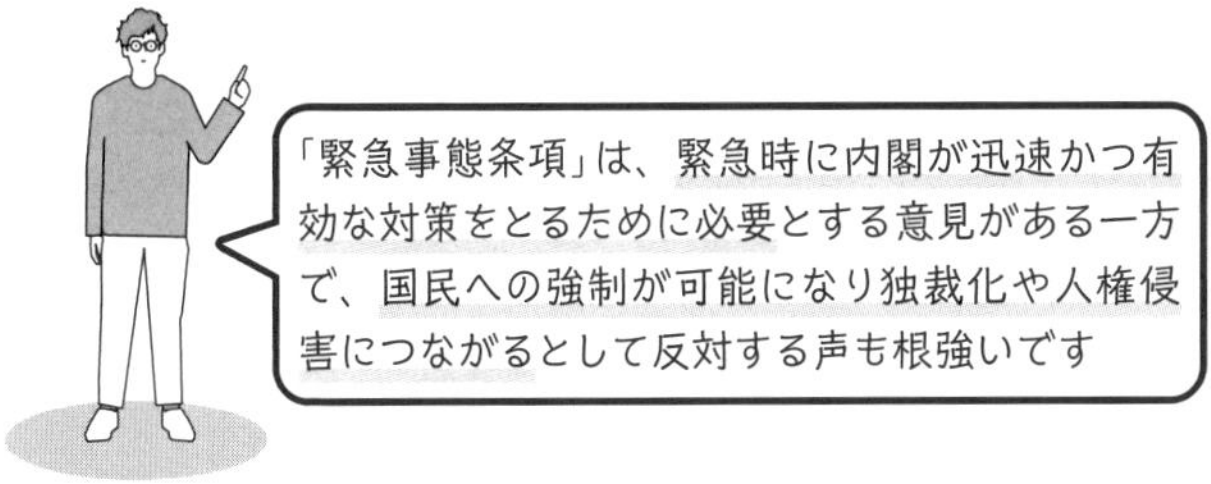
「緊急事態条項」は、緊急時に内閣が迅速かつ有効な対策をとるために必要とする意見がある一方で、国民への強制が可能になり独裁化や人権侵害につながるとして反対する声も根強いです

コロナ禍の中で自民党が発案した「緊急事態条項」

憲法改正についてはほかにもさまざまな論点があります。コロナ禍の最中には、緊急時の国の対応に関する議論も行われ、自民党は改憲草案の1つとして「緊急事態条項」を提案。**戦争などの緊急事態においては、国会や裁判所を通さずに内閣が単独で法律を制定できるようにするという条項**ですが、本来は国家権力を縛るものとして機能すべき憲法が、逆に国家権力が国民を縛るものになるとして、複数の政党が反対しています。

これで選べる！
投票先決定ワークシート

「どこに投票すればいいのかわからない！」と思ったら、以下の❶～❹の手順でポイントを計算し、投票する政党を選びましょう。

1 キーワード

まずはあなたが投票先を選ぶにあたって重視しているキーワードを、優先度の高いものから1つ～5つ書いてみてください。キーワードが思い浮かばない人は、下の「政策」と「属性」の中から気になるキーワードを選んでもよいでしょう。それでもピンとこない場合は「消去法」や「勘」でも問題ありません。「いくつも選べない」という人は、1つだけでも構いません。

政策 Policy

経済　財政　税　外交　安全保障
エネルギー　働き方　少子高齢化　教育
社会保障　ジェンダー・LGBTQ＋　移民・外国人

属性 Personality

年齢　性別　職業
世襲の有無　誠実さ　話術・説得力

実績 Performance

経歴　議員立法　携わった法案・政策　国会答弁内容
知名度　当選回数

2 理想の状態

選んだキーワードが、どうなるとあなたが理想とする状態になるでしょうか。「理想の状態」の行に、キーワードの項目が理想的であるのはどういうときかを想像して書いてみてください。

例

キーワード	働き方	環境	年齢
理想の状態	バイトで高い給料がもらえる	プラスチックの削減	なるべく若い人

3 政党比較

そのキーワードと各政党の名前で検索して、政策を調べてみましょう。調べる際にはWebサイト「JAPAN CHOICE」の「政策を比較する」(japanchoice.jp/policy-comparison)も参考になると思います。そして、政党ごとにキーワードの項目の政策や属性がよいと思ったら左のシートの該当する部分に○を、よくはないけど「ほかの政党よりはまし」と思ったら△を書いてください。

4 結果

最後に○を2pt、△を1ptとして、それぞれ優先順位ポイントをかけた値を一番右の合計の列に書き出します。その得点の多い政党に投票してみてはいかがでしょうか？

1位から5位まで、あなたにとって優先順位が高い順にキーワードを書き込みましょう。

投開票日ー： 年 月 日 選挙名： 選挙

	キーワードの優先順位					合計
	1位	2位	3位	4位	5位	
優先順位ポイント	5 (pt)	4 (pt)	3 (pt)	2 (pt)	1 (pt)	——
① キーワード						——
② 理想の状態						——
③ 政党比較 自分の理想と各政党の政策が近いかどうかを調べて○と△と×で判定しましょう ○は2pt、△は1ptとして、それぞれのポイントに上記の優先順位ポイントの数をかけたポイントを、政党ごとに合計して記入しましょう						自民党 (pt)
						立憲 (pt)
						維新 (pt)
						公明党 (pt)
						共産党 (pt)
						国民 (pt)
						れいわ (pt)
						社民党 (pt)
						NHK (pt)
						参政党 (pt)

④ もっとも得点の高い政党は＿＿＿＿＿＿＿＿党

投票先の選び方フローチャート

前のページで解説した「ワークシート」を使う方法とは別に、以下のフローチャートを活用して投票先を決める方法もあります。

投票先の決め方がわからない

↓

重視している政策テーマがある
- YES → 自分が重視しているテーマの政策を比較して、よいと思う候補者を選ぼう
- NO ↓

政治家の属性（年齢や性別など）を重視したい
- YES → 候補者の属性や政党の属性分布を調べて投票先を選ぼう
- NO ↓

政治家が信頼できる人かどうかで決めたい
- YES → 候補者の演説を聴きに行ったり、動画で見たり、SNSや国会答弁でのやりとりを調べて選ぼう
- NO ↓

政治家のこれまでの実績や経歴で判断したい
- YES → 候補者の略歴や主な実績を選挙公報やインターネットで調べて選ぼう
- NO ↓

このフローチャートを試してみても「どれもしっくりこない」という場合は、左ページに記載した5つの方法も試してみましょう

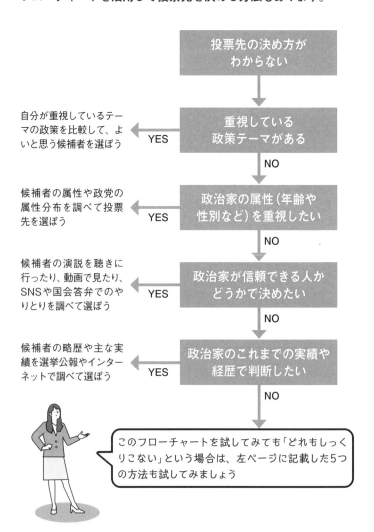

「どれもしっくりこない」という人への提案

有権者の声を積極的に聞き、政治に反映させようとしている人かも

❶普段生活していてよく活動を見聞きする政治家を選ぶ

❷家族や友人、職場の同僚などの意見を聞いてみる

自分だけで考える必要はありません！

自分が「ダメ」と思う人から消していくのも1つの方法です

❸消去法で考えてみる

❹「JAPAN CHOICE」などのボートマッチで決めてみる

ただし、ボートマッチは、選択肢、設問の文章、回答の集め方などで結果を誘導できるので、なるべくたくさん試しましょう

選んだ候補者が当選した場合は、その後の活動を見守り、情報収集をして次の選挙に活かしましょう

❺ランダムに選んでみる

選び方は人それぞれ！
ただ、選んで終わりではなく、その後を見守り、評価することが大事です

Column ③

政治情報の集め方

一番手軽で簡単なのはインターネットを使った情報収集

「投票先を選ぶために情報を調べよう」と思っても、「何をどう調べればいいの？」と困ってしまうことも。そこで選挙情報サイトJAPAN CHOICEを開発しているMielkaメンバーに、普段調べている方法を聞いてみました。

王道は、**政党や議員のHP、SNS**です。更新頻度の高い政治家であれば、最新の政治活動から過去の実績までHPにまとまっています。しかし、過去の情報となると、HPが閉鎖・改修され、たとえば昔の公約を調べようとしても公開されていないことがあります。そんなときに活用したいのが国立国会図書館のインターネット資料収集保存事業**WARP**や、米国のNPOが運営する**Wayback Machine**です。

ほかにも、実行された政策は**各省庁の白書や審議会資料**、行政事業やその予算については**JUDGIT!**、学術的な情報は**CiNii Research、J-STAGE、NDL Online**、国会に提出された法律案は**衆／参議院法制局HP**、政治の主な出来事は新聞社などの半期ごとや1年ごとのまとめ記事を参考にしています。

第5章

日本の選挙制度

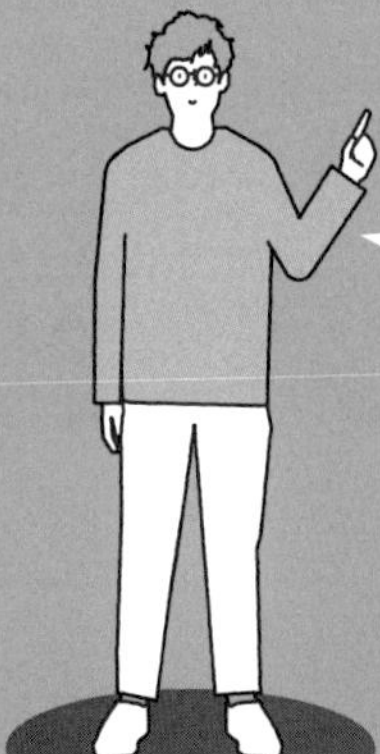

第5章では、日本における「選挙の歴史」と「選挙制度」を解説します。また、「三バン」「1票の格差」など、日本の選挙制度が抱える問題点も理解しておきましょう

選挙の基礎知識

日本では戦前まで半数以上の人が選挙権を与えられていなかった

日本で最初に国会議員を選ぶ国政選挙が行われたのは明治23年（1890年）の第1回衆議院議員総選挙で、このとき、**選挙権があったのは、直接国税を15円（※）以上納めている満25歳以上の男性だけ**でした。当時、国会には衆議院と貴族院がありましたが、国民が選挙を通して選べるのは衆議院議員だけで、貴族院の議員は「華族」とよばれる特権階級の人々の中から任命されました。

その後、有権者の納税条件は、明治33年（1900年）に10円以上、大正8年（1919年）には3円以上にまで引き下げられ、大正14年（1925年）には納税条件が撤廃され、満25歳以上の男性全員に選挙権が与えられました。

大正時代になると、女性の選挙権を求める運動が活発化しましたが、結局、第二次世界大戦が終わるまで認められることはありませんでした。

※15円…単純に物価で比較した場合、現在の価値で60万円前後。ただし、当時は人口の約1%の人しか選挙権がなかったため、感覚としてはそれ以上の価値があったと思われる。

日本における選挙権の推移

年号	選挙区分	選挙権の制限	有権者数（人口比）
明治22年（1889年）	制限選挙	直接国税15円以上を納める25歳以上の男子	約45万人（1.1%）
明治33年（1900年）	制限選挙	直接国税10円以上を納める25歳以上の男子	約98万人（2.2%）
大正8年（1919年）	制限選挙	直接国税3円以上を納める25歳以上の男子	約307万人（5.5%）
大正14年（1925年）	男子普通選挙	25歳以上の男子	約1241万人（20.0%）
昭和20年（1945年）	普通選挙	20歳以上の男女	約3688万人（48.7%）
平成28年（2016年）	普通選挙	18歳以上の男女	約1億620万人（83.3%）

昭和20年（1945年）、GHQの指示で衆議院議員選挙法が改正され、ようやく日本でも女性の選挙権と参政権が認められ、20歳以上のすべての男女に選挙権が与えられました。

現在は、平成28年（2016年）の公職選挙法改正による選挙権年齢の引き下げにより、18歳以上の日本人全員に選挙権が与えられています。しかし、上の表のとおり、**実は日本では、終戦を迎えるまで一部の人にしか選挙権がなかった**のです。

日本で実施されている2つの選挙制度

選挙制度は、大まかに分類すると**「選挙区制」**と**「比例代表制」**の2つがあり、さ

「選挙区制」と「比例代表制」の違い

選挙区制とは…
候補者を選ぶ制度
1つの選挙区から1人の当選者を選ぶ制度を「小選挙区制」、2人以上を選ぶ制度を「大選挙区制」と言います
選挙区制は、立候補した「候補者」に投票し、得票数の多い人から順に当選する選挙制度です

らに選挙区制は「小選挙区制」と「大選挙区制」の2つに分類されます。これらの選挙制度には、それぞれにメリットとデメリットがあります。

　小選挙区制とは、1つの選挙区から1人の代表が選ばれる制度です。つまり、**1位にならないと当選できないため、組織票などを持つ大きな政党に有利であり、二大政党制になりやすい選挙制度**とも言われています。小選挙区制は、大政党に有利なことから政局が安定しやすいというメリットがある一方で、たった1人の当選者以外への投票が死票になるため、多様な意見や少数意見が政治に反映されにくくなるというデメリットがあります。

　大選挙区制とは、1つの選挙区から2名

比例代表制とは…
「政党」を選ぶ制度
投票用紙には、衆院選では「政党名」を、参院選では「比例区の候補者の名前」または「政党名」を書いて投票します
比例代表制で立候補するのは「人」ではなく「政党」で、各政党は選挙時に、当選させたい候補者の順番を決めた名簿をつくります

以上の代表が選ばれる制度です。日本で平成6年（1994年）まで採用されていた中選挙区制は、この大選挙区制に含まれます。大選挙区制のメリットは、**小さな政党や無所属の候補者でも議席を得られる可能性が高い**という点です。また、死票が減るため多様な意見や少数意見が反映しやすくなるというメリットもあります。しかし、小政党の乱立によって政局が混乱したり、同一政党の候補者同士の争いが生まれるため政党内で派閥ができやすくなったりするというデメリットがあります。

「候補者」ではなく「政党名」を記入する比例代表選挙

比例代表制は、各政党の得票数に応じて

「小選挙区制」と「比例代表制」のメリット・デメリット

比例代表制

メリット
- 死票が少なく幅広い民意を反映できる
- 小規模政党でも当選しやすい
- 選挙区が広いため「1票の格差」が低減される

デメリット
- 小政党が乱立し政権が不安定になる
- 政党が候補者の当選順位を決めるので民意が反映されにくい
- 選挙区が広いので選挙費用がかかる

小選挙区制

メリット
- 選挙区が狭いため選挙費用が抑えられる
- 有権者との距離が近く民意を反映しやすい
- 大政党に有利なため政権が安定する

デメリット
- 死票が多く少数派の意見が反映されない
- 選挙区によって人口が異なるため「1票の格差」が生じる
- 地元への利益誘導が起こりやすい

議席を配分する制度です。比例代表制で行う選挙の場合は、原則として投票用紙には「候補者名」ではなく、「政党名」を記入します。

また、**比例代表制は、獲得した票がそのまま議席数に反映されるため、死票が少なく公平であり、小政党でも当選しやすい**というメリットがあります。しかし、大選挙区制と同様に、多くの小政党が分立することで政局が不安定になる可能性が高まるほか、政党に属していない候補は立候補できないというデメリットもあります。

日本の国政選挙は「選挙区制」と「比例代表制」を併用

現在、日本の国政選挙では、「選挙区制」

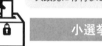

「衆院選」と「参院選」の違い

衆議院議員選挙	参議院議員選挙
4年に1回 （解散すると前倒し）	3年に1回（7月） （半数ずつ。解散なし）
呼称は「総選挙」。 全員が一度に選挙を行う	呼称は「通常選挙」。議員の任期は6年で3年ごとに半数ずつ選挙を行う
選挙制度は「小選挙区比例代表並立制」（重複立候補可）	選挙制度は「選挙区制」と「比例代表制」（重複立候補不可）

と「比例代表制」が併用されています。

衆議院の選挙では、全国を289の選挙区に分けて行う「小選挙区制」と、全国を11のブロックに分けた「比例代表制」を併用しており（小選挙区比例代表並立制）、候補者は小選挙区と比例代表区の両方で重複立候補ができます。そのため、小選挙区で負けた候補者が、比例代表制で復活当選する場合があります。

一方、**参議院では、各都道府県の代表を選ぶ「選挙区制」と、全国1区（選挙区なし）で行われる「比例代表制」を併用**しており、平成30年（2018年）の公職選挙法改正の際、自民党の発案で比例代表選挙に「特定枠」（116ページ参照）という制度が導入されました。

日本の選挙の問題点①　三バン

選挙で勝つために必要な「三バン」とは？

よく、日本の政治家は「世襲議員」が多いと言われます。世襲議員とは、親や親族が議員で、その政治的な地盤や資本を受け継いで議員となった、いわゆる二世議員、三世議員などのことです。

とくに世襲議員が多い自民党の場合、国会議員のうち約3割が世襲議員（2023年現在）で占められています。こうした状況が生まれる背景には、選挙で当選するためには「三バン」が必要という問題があります。

「三バン」とは、**「地盤」「看板」「カバン」**のことです。地盤は地元の支援者や後援会、看板は知名度、カバンは資金力（選挙資金）を指します。世襲議員の場合、この「三バン」を親や親族から引き継ぐことができるため、選挙の際に有利だと言われているのです。

政治家になるために必要な「三バン」とは?

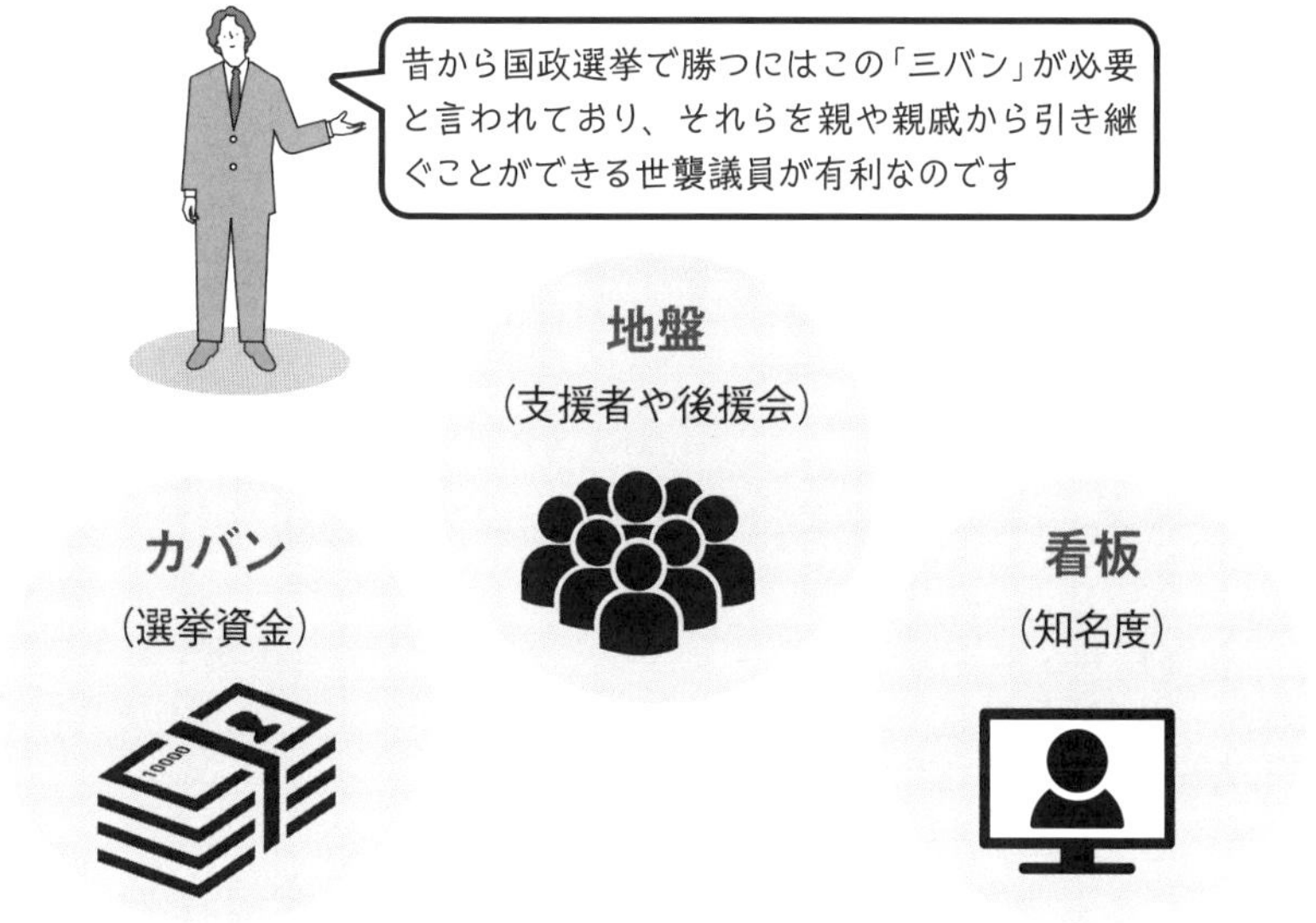
昔から国政選挙で勝つにはこの「三バン」が必要と言われており、それらを親や親戚から引き継ぐことができる世襲議員が有利なのです
地盤
（支援者や後援会）
カバン
（選挙資金）
看板
（知名度）

近年は、YouTubeなどのSNSを使って、支援者や知名度、資金力の「三バン」を自力で調達する人もいますが、まだまだ少数派です。

また、国政選挙に立候補するには、比例区で600万円、選挙区で300万円もの供託金を法務局に預ける必要があり、そのほかにも選挙運動を手伝ってもらう人へ支払う人件費、選挙事務所の家賃や広告費など、莫大な資金が必要になります。

世襲議員が悪いというわけではありませんが、**「三バン」という課題がある限り、選挙の際はどうしても世襲議員が有利になり、若い人や貧しい人など「三バン」を持たない人の立候補は難しい**という状況は変わらないでしょう。

日本の選挙の問題点②

1票の格差・小選挙区制

「1票の格差」と「小選挙区制」の弊害

ある選挙区の人口が、ほかの選挙区と比較して多い場合、有権者1人1人が投じる1票の価値は小さくなります。これを「1票の格差」と言います。

たとえば、選挙区の定数が1人で有権者が10万人の選挙区と、同じく定数が1人で有権者が50万人の選挙区を比べた場合、「1票の格差は5倍」です。憲法第14条では、すべての国民は「法の下に平等」と定めており、「1票の格差」が一定の基準を超えると、最高裁判所が違憲状態と認める場合もあります。

1票の格差がもっとも深刻なのは参議院選挙です。平成25年(2013年)の参院選では、**最大で約4・8倍もの格差が生じたため憲法違反として選挙の無効を求める訴訟が起こされ、最高裁判決で「違憲状態」との判決が出ました**が、選挙自体は有効とされました。この判決を受けて、平成27年には格差是正のために鳥取県と島根県、

「1票の格差」とは?

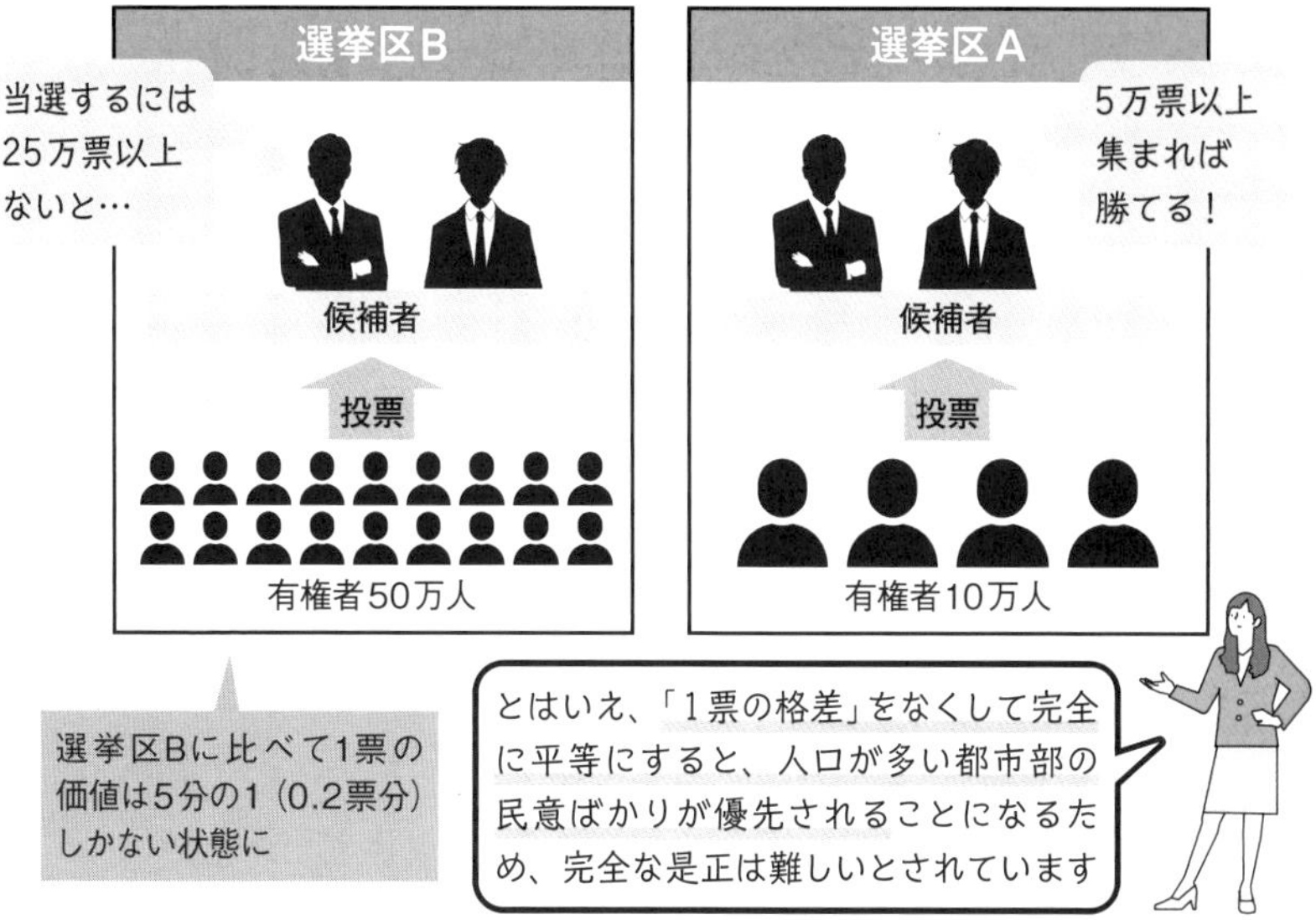
選挙区B
当選するには25万票以上ないと…
候補者
投票
有権者50万人
選挙区A
5万票以上集まれば勝てる！
候補者
投票
有権者10万人
選挙区Bに比べて1票の価値は5分の1（0.2票分）しかない状態に
とはいえ、「1票の格差」をなくして完全に平等にすると、人口が多い都市部の民意ばかりが優先されることになるため、完全な是正は難しいとされています

高知県と徳島県をそれぞれ「合区」して1区としましたが、翌年以降も格差は最大で3倍前後を推移しています。

　また、先に解説した**「小選挙区制」が、多様な人材や小規模政党などが国政へ参入することを難しくしている**として批判する声もあります。小選挙区制は1人しか当選できないため、根強い支持者や組織票を持つ与党に有利になり、野党は共闘して立候補者を一本化しないと与党に勝てないという状況になってしまうのです。さらに、当選者以外への投票は死票となるため、民意が政治に反映される機会が減少します。加えて、小選挙区制は選挙区の人口が異なるため、「1票の格差」が生じやすくなるというデメリットもあります。

日本の選挙の問題点③　投票離れ

深刻な問題となっている10代・20代の投票離れ

投票率の低下も、日本の選挙が抱える課題の1つです。ちなみに、令和3年（2021年）の衆議院選挙の投票率は55・93%、翌年の参議院選挙の投票率は52・05%でした。なお、国際的な研究機関である民主主義・選挙支援国際研究所が行った調査では、日本の投票率ランキングは、194の国と地域の中で139位という結果に。とくに若者の投票離れは深刻で、令和3年の衆院選における10代の投票率は43・21%、20代の投票率は36・50%という低水準でした。現在、日本では少子高齢化が進んでおり、これからますます高齢者の人口比は増えていきます。

ちなみに、**有権者の年齢が上昇することで高齢者関連への支出が優遇されることを「シルバー民主主義」と呼びます。**さらに高齢者の投票率が若者より高い状況では、若者より高齢者を優遇する政策を行う方が、次の選挙に有利に働くことになります。

2021年衆院選における年代別投票率

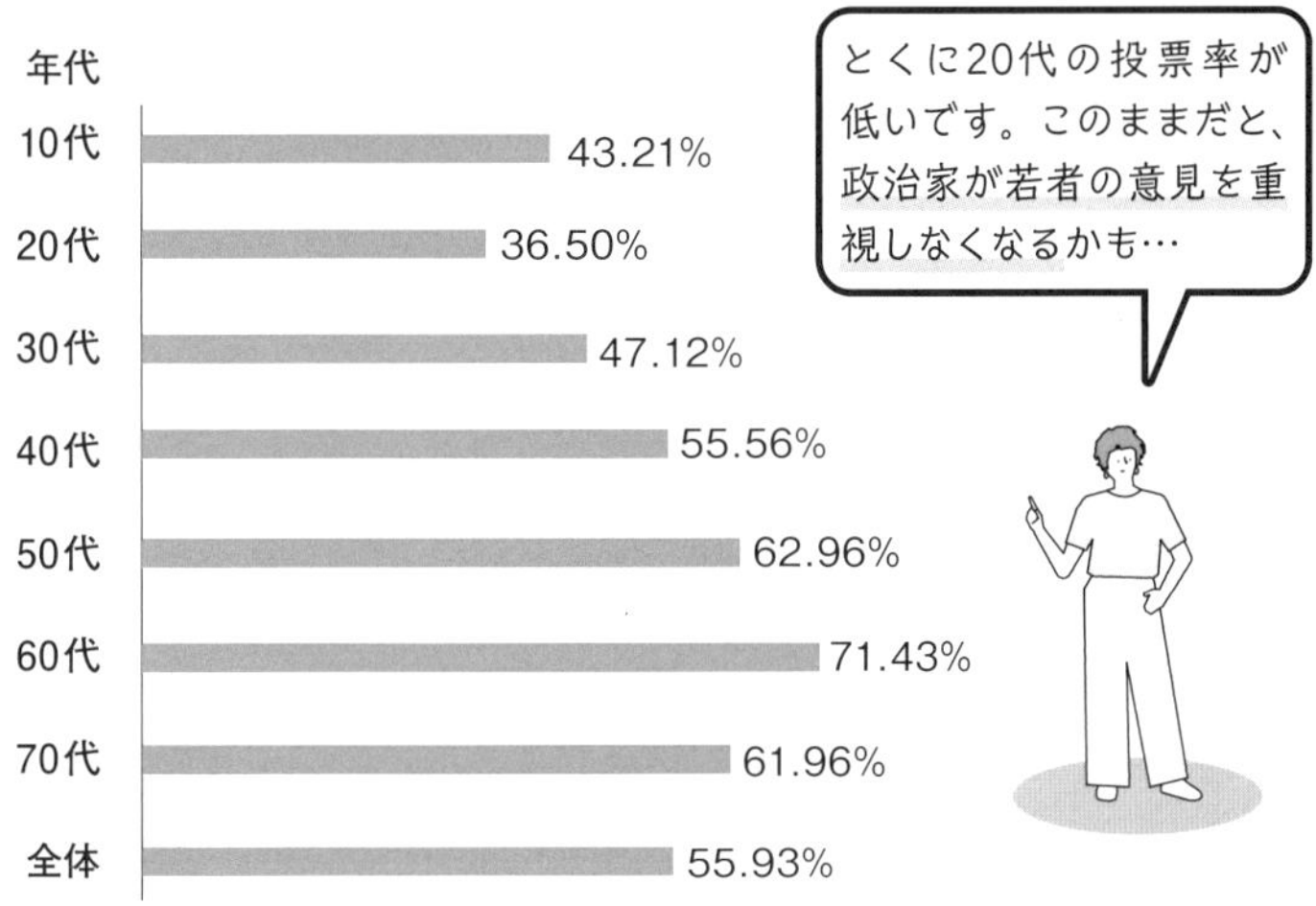

出典：総務省

政治を変えるには、投票を通して自分の声を伝えるしかない

投票率が低いと、与党など大きな党が有利になります。すると若者は「選挙に行っても政治は変わらない」という気持ちになってさらに投票率が下がり、社会も変わらないという悪循環に陥ります。このまま投票率が下がり続けると、政治家は、投票に行く一部の人の支持だけで当選できるようになるでしょう。すると政治家は、その人たちのことしか見なくなり、国民の大多数が望まない政策を推し進める可能性もあります。**政治家に国民が望む政治を行わせるには、1人でも多くの人が投票を通して自分の声を伝えるしかない**のです。

Column ④

「特定枠」とは何か？

誰も投票していない候補者が当選する？

現在、参議院の比例代表制選挙では「特定枠」という特殊な制度を採用しています。特定枠は、事前に当選順位を決めない非拘束名簿式を基本としつつも、政党が優先的に当選する候補者を指定できる拘束名簿式の要素を加えたもので、公職選挙法が改正された平成30年（2018年）の翌年、令和元年の参院選から導入されました。

この制度は、平成28年の参院選から鳥取・島根、徳島・高知の選挙区が合区となったため、出馬できなくなった自民党の現職議員を救済するために設けられたとも言われています。この特定枠を使うかどうか、また、使う場合、何人に適用するかは、各政党が自由に決められます。すると、何が起こるのかというと、たとえば**世間的に人気のある著名人やタレントが出馬した場合、その候補者自身は落選しても、その〝人気者〟の得票によって、個人での得票がゼロの候補者が当選するということも起こり得ます**。そのため、「選挙の意味がない」「憲法違反」などと批判する声もあります。

ちなみに、特定枠の候補者は、個人としての選挙運動は認められていません。

第6章

日本の国政政党

第6章では、国会で議席を持つ政党を1つ1つ解説します。どのような政党で、どんな歴史があるのか？ その成り立ちを知ることで、1票を投じる政党を見つけるための参考にしましょう

※本章では、本来であれば各政党を均等なページ数で紹介すべきですが、議員人数が少ない党や歴史が短い党については、ページ数を減らして紹介しています。ご了承いただけますと幸いです。

自由民主党

（Liberal Democratic Party）

DATA ※以下データは2023年7月31日現在のものです

結成	1955年
総裁	岸田文雄
前身政党	自由党、日本民主党
初代総裁	鳩山一郎
衆議院議席数	262議席
参議院議席数	119議席

所属議員

衆議院

麻生太郎／茂木敏充
二階俊博／萩生田光一
石破茂／小泉進次郎　ほか

参議院

石井準一／世耕弘成
関口昌一／有村治子
丸川珠代／松山政司 ほか

keyword

保守合同、55年体制、連立政権

日本民主党と自由党の「保守合同」により発足

自由民主党（以下、自民党）の結党は、昭和30年（1955年）11月15日。同年2月の衆議院議員選挙で第1党となった日本民主党（185議席）と第2党の自由党（112議席）が「保守合同」を果たしました。これは1カ月前に左派（89議席）、右派（67議席）が再統一した日本社会党に対抗するもので、この結果、自民党と社会党の議席数がおおむね2対1となりました。いわゆる「55年体制」の始まりです。「保守合同」の立役者だった三木武吉《みきぶきち》は当時、「自民党は10年持てばよい」と語りましたが、その予想は当たらず今も存続しています。

各種比率データ

所属国会議員の年代分布

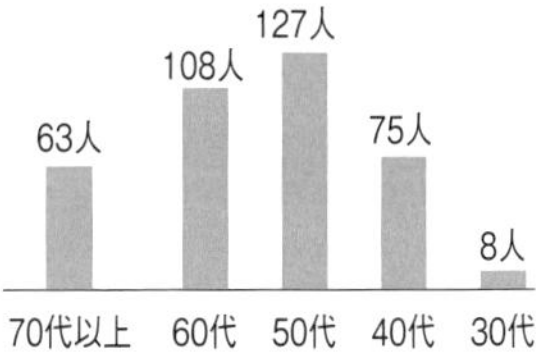

衆議院議席数

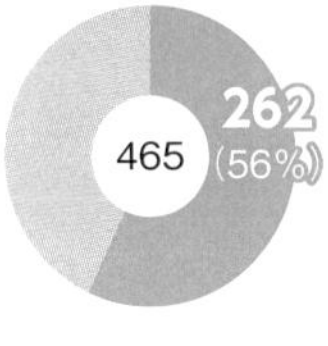

参議院議席数

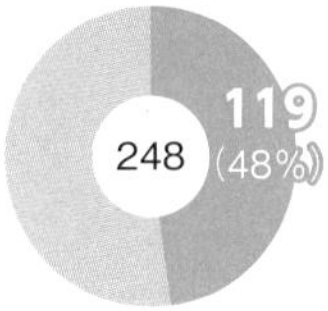

所属国会議員の男女比

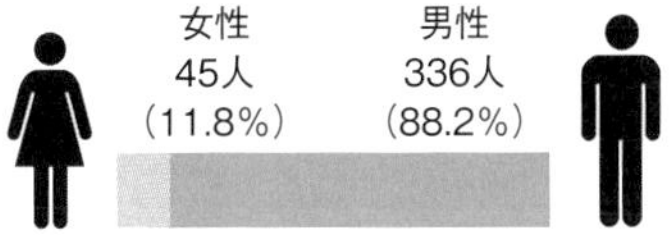

自民党が第1党であり続ける理由とは？

結党以来60数年の間、自民党は政権政党であり続けました。下野状態にあったのは、平成5年（1993年）8月から約8カ月（細川・羽田政権）と、平成21年（2009年）9月から3年3カ月（民主党政権）の通算4年ほどにすぎません。また、自民党が衆院の議席数で第1党の座を逃したのは、平成21年の政権交代選挙のときだけで、その3年後には170議席以上を奪い返しました。2度の下野を経験しながらも、自民党はなぜ政権を維持し続けられるのか。その理由としては、長年政権を担ってきた実績や地方組織の強さなどがあげられます。

1955年 自由民主党結成
第3次鳩山内閣成立
1956年 日ソ国交正常化
安全保障理事会で日本の国連加盟承認
1960年 日米安全保障条約改定
岸信介首相が辞意を表明し、池田勇人内閣が発足
「所得倍増計画」が閣議決定
1964年 第1次佐藤栄作内閣発足
1965年 日韓基本条約締結
沖縄返還
1972年 第1次田中角栄内閣成立
日中共同声明発表
1976年 ロッキード事件
1985年 日本電信電話公社と日本専売公社民営化
1987年 日本国有鉄道の分割・民営化
1989年 参院選で土井たか子率いる社会党に大敗、宇野宗佑首相が引責辞任
1993年 非自民・非共産の八党派連立政権が成立、38年ぶりの政権交代
1994年 日本社会党、新党さきがけと連立与党に復帰

都道府県議会では約半数が自民党に属する

令和4年（2022年）の総務省調べによれば、全国の都道府県議会には2570人の議員がおり、そのうち、自民党に所属するのは1246人で、全体の48・5％を占めます。この状況は、自民党が国政で下野した時にも、ほとんど変わりませんでした。また、市区町村議員は、約7割が無所属で届け出ていますが、その多くが「保守系無所属」と呼ばれる、自民党に協力的な議員だといいます。市区町村議員が政治活動で関わることの多い都道府県議員の約半数が自民党なので、地方議会における自民党優位は当然の結果と言えそうです。

1998年　日本社会党、新党さきがけと連立解消
1999年　公明党と連立
2001年　第1次小泉純一郎内閣成立
内閣支持率が戦後歴代1位に
2002年　初の日朝首脳会談
2005年　郵政民営化法成立
2009年　衆議院選挙で民主党に大敗
2度目の政権交代
2012年　衆議院選挙で政権奪還
第2次安倍晋三内閣成立、アベノミクス始動
2013年　特定秘密保護法成立
2014年　集団的自衛権憲法解釈の変更
衆議院選挙で自公明両党が圧勝
2015年　安全保障関連法成立
2016年　「森友問題」勃発
2017年　「加計問題」勃発
2019年　新元号「令和」決定、消費税が10％に
安倍政権が歴代最長政権に
2021年　岸田文雄内閣成立
2022年　安倍元首相銃撃事件・国葬

自民党政権を支えるさまざまな業界団体

農協、医師会などの業界団体も、自民党の強い支持基盤です。特に「全国郵便局長会（全特）」は60万票を動かすと言われ、他の団体の2～3倍の集票力があります。平成17年（2005年）の「郵政選挙」は、小泉首相（当時）が全特を敵に回したことで無謀だと言われました（結果は自民勝利）。業界団体は、時々の政策によって態度を変えますが、地方議員は常日頃から、地元後援会の中心となって来るべき選挙に備えています。自民党の強さの背景には、こうした地方組織の強さがあると指摘する関係者もいます。

立憲民主党

（Constitutional Democratic Party of Japan）

DATA ※以下データは2023年7月31日現在のものです

結成	2020年
代表	泉健太
前身政党	旧立憲民主党、旧国民民主党
初代代表	枝野幸男
衆議院議席数	96議席
参議院議席数	38議席

keyword

民主党、希望の党、野党第1党、安保法制の廃止

所属議員

衆議院

江田憲司／小沢一郎
岡田克也／菅直人
長妻昭／野田佳彦　ほか

参議院

川田龍平／青木愛
杉尾秀哉／辻元清美
福山哲郎／蓮舫　ほか

民主党政権の終焉後、離合集散のすえに民進党が発足

平成21年（2009年）9月から、3年3カ月続いた民主党政権は、平成24年（2012年）12月の総選挙で大敗し、再び自民党に政権の座を奪われました。民主党を含む野党はその後、離合集散を繰り返し、平成28年（2016年）3月、民主党に維新の党が合流する形で、衆院96、参院60の議席を持つ「民進党」が結成されました。平成29年9月、安倍政権は突如、衆議院を解散（国難突破解散）。これは、都議会選挙の敗北と代表交代、幹部議員のスキャンダルが重なり、離党が相次ぐ民進党の劣勢を狙い撃ちしたものでした。

各種比率データ

所属国会議員の年代分布

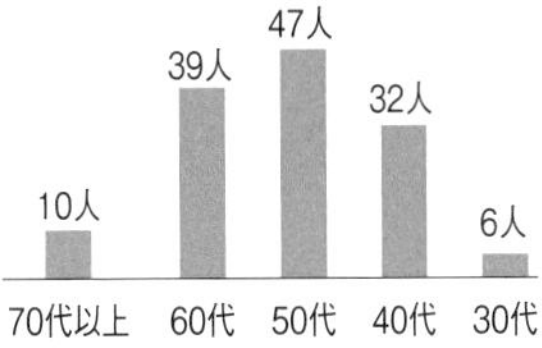

所属国会議員の男女比

衆議院議席数

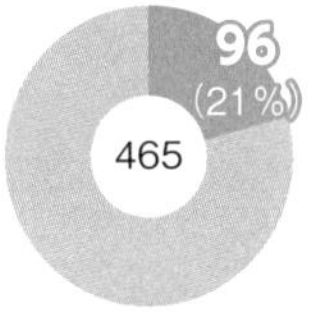

参議院議席数

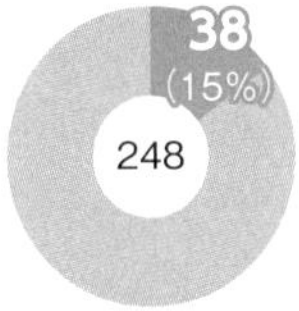

民進党の分裂と立憲民主党結党

平成29年（2017年）、都議会選挙で自身の基盤である「都民ファーストの会」を大勝に導いた小池都知事は、衆院解散の報を受け、9月25日に国政政党「希望の党」を立ち上げました。民進党は、希望の党に合流することを決定しましたが、当時、同党の代表代行だった枝野幸男はこの決定に納得せず、翌週に公示が迫った10月3日、新党「立憲民主党」（以下、立憲）を結成しました。選挙の結果、立憲は15から55に議席を増やし、野党第1党となりました。一方で、自民党は現状維持、希望の党は7議席を減らしました。

１９９６年　旧民主党結党
旧民主党・民政党・新党友愛・民主改革連合が合流し、民主党を結党
１９９８年　民主党初代代表に菅直人が就任
２００３年　小沢一郎率いる自由党と民主党が合併
２００７年　参議院選挙で民主党が自民党に勝利し、第1党となる
２００９年　衆議院選挙で自民党に勝利し民主党政権誕生
２０１２年　衆議院選挙で民主党は自民党に大敗
２０１６年　民主党・維新の党が合流し民進党を結党
民進党初代代表に岡田克也就任
２０１７年　希望の党との合流をめぐり民進党が分裂
枝野幸男が旧立憲民主党を結党
衆議院選挙で旧立憲民主党が55議席を獲得し野党第1党に
旧立憲民主党公式Ｔｗｉｔｔｅｒ（現X）のフォロワーが国政政党最多数の19万人超に
正式な党本部を千代田区平河町のオフィスビルに設定

２０２０年の対等合併により新党として再結成

現在の立憲は、令和2年（２０２０年）に旧立憲民主党と旧国民民主党（希望の党・民進党）の対等合併により、新党として再結成されました。党綱領では「めざすもの」として、「立憲主義に基づく民主政治、人権を尊重した自由な社会、多様性を認め合い互いに支え合う共生社会、人を大切にした幸福を実感できる経済、持続可能で安心できる社会保障、危機に強く信頼できる政府、世界の平和と繁栄への貢献」を挙げています。また、国政選挙時には、「安保法制の廃止と立憲主義の回復を求める市民連合」と「政策合意」を交わしています。

２０１８年　民進党、希望の党との統一会派結成を旧立憲民主党枝野代表が拒否
２０１９年　参議院選挙において旧立憲民主党が比例区で大苦戦
２０２０年　旧立憲民主党・旧国民民主党らが合流して新党を結成し、立憲民主党を再結党。代表選で枝野幸男が旧国民民主党の泉健太を破り初代代表に就任
代表代行に平野博文、幹事長に福山哲郎、政調会長に泉健太、国対委員長に安住淳が就任
２０２１年　衆議院選挙で共産党との共闘が不発に終わり枝野代表が辞任
2代目代表に泉健太が就任
代表代行に逢坂誠二、幹事長に西村智奈美、政調会長に小川淳也、国対委員長に馬淵澄夫が就任
２０２２年　代表代行に逢坂誠二、西村智奈美、幹事長に岡田克也、政調会長に長妻昭、国対委員長に安住淳が就任し、新執行部が発足
党本部を千代田区永田町の三宅坂ビルに移転
２０２３年　統一地方選挙で野党第1党を維持
小沢一郎らが政党グループ立ち上げ

支持団体は十分ながら歴史が短く地方議会では振るわず

立憲は結党時から、連合（日本労働組合総連合会）の支持を取り付けていました。所属する産業別組織のうち、自治労、日教組、ＪＰ（郵便）労組、情報労連、私鉄総連といった「旧総評系」と呼ばれる5組織はそれぞれの組織に20万弱の集票力があると言われていて、自民党支持の業界団体と比べても遜色がありません。しかし、どうしても弱いのが地方議員です。直近の統一地方選では都道府県議員当選者は１８５名で、自民党の１１５３名と比較すると、国政における野党第1党としてはあまりに差があり、今後の課題と言えそうです。

日本維新の会

(Japan Innovation Party)

DATA ※以下データは2023年7月31日現在のものです

結成	2015年
代表	馬場伸幸
前身政党	維新の党
初代代表	橋下徹
衆議院議席数	41議席
参議院議席数	20議席

keyword

大阪、身を切る改革、議員報酬・人員カット

所属議員

衆議院

馬場伸幸／藤田文武
井上英孝／池下卓
うらの靖人／ほりいけんじ　ほか

参議院

音喜多駿／東とおる
高木かおり／石井苗子
鈴木宗男／猪瀬直樹　ほか

地方政党として発足し紆余曲折を経て国政政党に

民主党政権の末期、平成24年（2012年）は、第3極と呼ばれる多数の中小政党が離合集散を繰り返していました。前年に大阪で府知事、市長選に勝利した地域政党「大阪維新の会」が、国政進出のため国会議員を集め「（旧）日本維新の会」を結成したのもこの年で、橋下徹大阪市長（当時）が代表に就任。その後、石原慎太郎らと一時合併し、分裂したのちに再度別の勢力とも合流し「維新の党」を結成するも再分裂。この時に橋下らが結党したのが「おおさか維新の会」、現在の「日本維新の会」（以下、維新の会）です。

各種比率データ

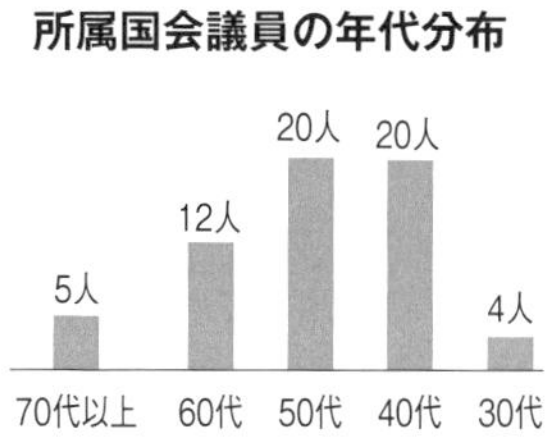

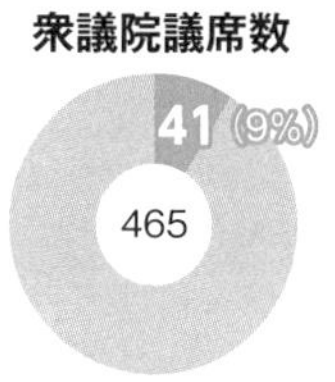

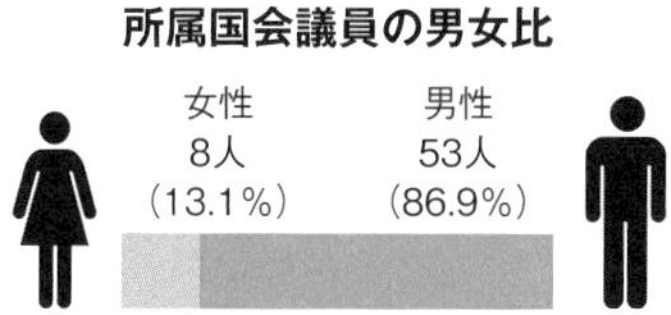

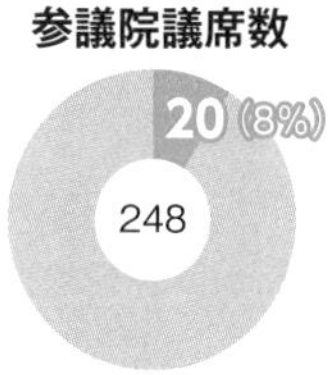

ホームタウンの大阪で幼児教育、学校給食を無償化

維新の会は、ホームタウンの大阪では、議員定数、議員報酬のカット、行政のムダ見直し、効率化の徹底などの改革により、幼児教育、学校給食費の無償化などを実現しました。現在、党代表である馬場伸幸衆議院議員は大阪府堺市議会議員の出身で、同党ホームページにある「代表メッセージ」において、「すべての教育の無償化を実現したい」と宣言しています。子育て世代の教育費負担をなくすことで消費を促進し、それが経済成長や税収増加につながり、新たな財源を高齢者や社会的弱者のために使えるようになると主張しています。

2010年	橋下徹が大阪維新の会を結党し、代表に橋下徹、幹事長に松井一郎が就任
	統一地方選挙で大阪府議会の過半数獲得
2011年	橋下徹代表が大阪府知事を辞任して大阪市長選挙に出馬、当選
	松井一郎が大阪府知事選に出馬し、当選
2012年	日本維新の会結党
	石原慎太郎率いる太陽の党が合流し、代表に石原慎太郎、代表代行に橋下徹が就任
	衆議院選挙で比例区第2党、小選挙区第3党に躍進
2013年	石原慎太郎、橋下徹が共同代表に就任
	従軍慰安婦等に関して橋下徹が問題発言
	参議院選挙で苦戦
	衆議院議員の東国原英夫が離党、議員辞職
	橋下徹が江田憲司率いる結いの党との合流を視野に政策協議を開始
2014年	石原慎太郎と橋下徹が党内分裂、分党
	石原慎太郎が次世代の党を結党
	橋下徹が江田憲司らとともに維新の党を結党

党が掲げる3段階の目標と参院選、統一地方選での躍進

馬場代表は、令和5年（2023年）の統一地方選を前に、地方議員600名の当選という目標を、代表の辞任を賭けて掲げました。結果は首長、地方議員775名（大阪維新の会含む）が当選し、選挙前の約1・7倍という躍進を果たしました。維新の会は、政権政党を目指して、中期的に3段階の目標を策定しました。第1は参議院選挙で改選議席の倍増、比例で野党トップの得票というもので、これは令和4年に達成しました。第2が右に挙げた統一地方選であり、次なる第3の目標は、衆議院選挙で野党第1党の議席を得ることです。

2015年	橋下徹、松井一郎が維新の党を離党
	橋下徹がおおさか維新の会を結党し、代表に橋下徹、幹事長に松井一郎が就任
	橋下徹が大阪市長の任期を満了し、政界を引退
	代表に松井一郎、共同代表に片山虎之助、幹事長に馬場伸幸が就任
	大阪維新の会が大阪市長選に吉村洋文を擁立、当選
2016年	維新の党が民主党と合流、民進党となる
	おおさか維新の会を日本維新の会に改名
2019年	統一地方選挙で大阪市長に松井一郎、大阪府知事に吉村洋文が当選
2021年	馬場伸幸が共同代表に就任
2022年	参議院選挙比例区で立憲民主党を上回る票数を獲得
	松井一郎が政界を引退、代表に馬場伸幸、共同代表に吉村洋文が就任
2023年	統一地方選挙で、大阪以外で初の公認首長が誕生（奈良県知事）
	大阪府知事に吉村洋文、大阪市長に大阪維新の会幹事長横山ひでゆきが当選
	立憲民主党との国会内政策協力終了

大阪から近畿圏、そして全国への党勢拡大が課題

維新の会は、令和5年（2023年）の統一地方選挙で、都道府県議会に69名の当選者を出しましたが、自民党が1153名、公明党は169名、共産党が75名で、また、いずれにも及びません。先述のとおり、地方議員は国政選挙に大きな力を発揮します。今後、維新の会が大阪から近畿圏、さらにその外へと党勢を拡大していくことで、国政での躍進にもつながるはずです。もし、維新の会が次の総選挙で野党第1党になった場合、与党である（可能性が高い）自公政権にしっかり対峙できるかどうかで、真価が問われることになりそうです。

公明党

(Komeito)

DATA ※以下データは2023年7月31日現在のものです

結成	1964年
代表	山口那津男
前身政党	公明政治連盟
初代委員長	原島宏治
衆議院議席数	32議席
参議院議席数	27議席

所属議員

衆議院

石井啓一／佐藤茂樹
斉藤鉄夫／高木陽介
赤羽一嘉／古屋範子　ほか

参議院

西田実仁／谷合正明
竹谷とし子／山本香苗
佐々木さやか／石川博崇　ほか

keyword

創価学会、組織票、自民党、与党、連立政権

「庶民の党」を標榜する創価学会を支持母体とする政党

公明党の結成は昭和39年（1964年）11月17日。2024年に創立60周年を迎えます。党の前身は宗教法人「創価学会」（以下、学会）の文化部が担当する「公明政治連盟」で、当時、すでに参議院、地方議会に議員を輩出していました。学会の池田大作会長（当時）の提案により、宗教と政治組織の分離を図ったのが結党のきっかけです。立党精神は「大衆とともに語り、大衆とともに戦い、大衆の中に死んでいく」で、大企業優先の自民党、労働組合中心の社会党とは異なる、「庶民の党」を標榜し、スタートを切りました。

各種比率データ

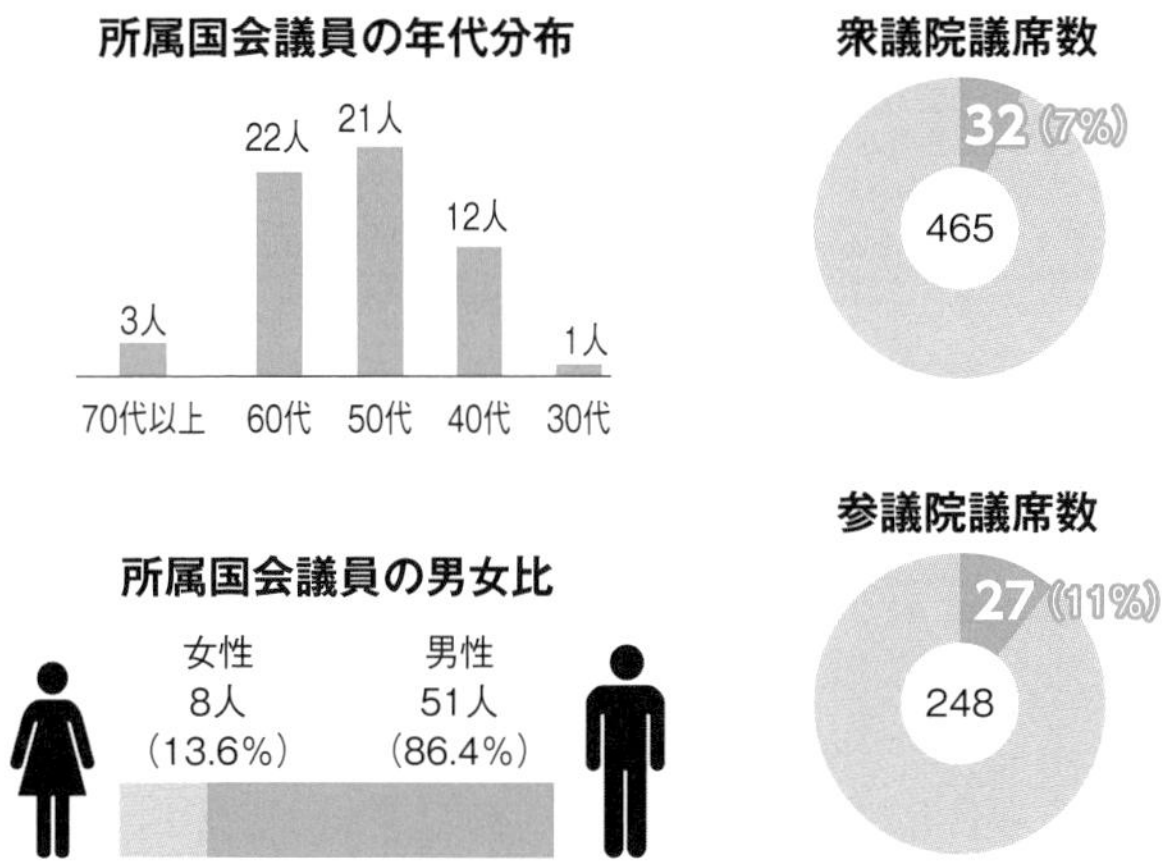

「調査なくして発言なし」を政治手法に掲げる

戦後、信者の数が数十万人、数百万人と拡大した宗教団体はいくつかありますが、学会のように、独自の政党を立ち上げ、成功した事例は他にありません。結党当時、支持者である学会員の多くは都市部の低所得層でした。党は支持者の組織力を活用し、大気汚染などの公害問題、通学路の安全、米軍基地の騒音などを「総点検」と称して徹底調査し、議会活動に活用。調査報告は、当時の専門家にも高く評価されました。同党は「調査なくして発言なし」を政治手法に掲げており、福祉や医療、教育の分野を中心に成果を挙げています。

公明党 年表

1961年 「公明政治連盟」結成
1962年 公明新聞創刊
1964年 公明党結党
衆議院選挙で25議席を獲得、
1967年 初の衆議院進出
国会で初めてイタイイタイ病に言及
1969年 児童手当法案を発表
衆議院選挙で47議席獲得、第3党に
1971年 児童手当法案が成立
1975年 統一地方選挙で地方議員3300人が当選
1982年 核兵器廃絶を求める1000万人の署名を国連事務総長に提出
1993年 非自民・非共産の八党派連立政権が成立、38年ぶりの政権交代
細川連立内閣が発足し、公明党から4人が入閣
羽田内閣が発足し、公明党から6人が入閣
1994年 地方議員中心の「公明」を結成
新生党、民社党らと新進党を結党

学会員の組織票により選挙では盤石の強さを発揮

支持者（学会員）の組織力は、選挙において現在も発揮されています。公明党の選挙の特徴は、極端に落選者が少ないことです。たとえば、令和4年（2022年）の参院選では、選挙区で立憲は31人を擁立して9人当選だったのに対し、公明党は7人が立候補し全員当選しました。また、令和5年の統一地方選では、都道府県議選に公明党から170人が立候補し、落選はわずか1人でした。こうした結果には、組織票を巧みに配分する戦術のほかに、国政で連立を組む自民党との選挙協力も影響しているようです。

1997年　新進党解党
1998年　「公明」と「新党平和」が合流、公明党を再結成
1999年　自民党・自由党と「自自公」連立内閣発足
2000年　自民党・保守党との「自公保」連立政権発足
2003年　第2次小泉内閣において「自公」連立政権となる
2009年　衆議院選挙で民主党に大敗し、落選した太田昭宏が代表辞任、山口那津男が代表に就任
2012年　衆議院選挙で「自公」連立政権奪還
　自公連立政権による第2次安倍内閣発足
2016年　参議院選挙で25議席獲得、参議院の1割を占める勢力に拡大
2019年　統一地方選挙後半戦で候補者1222人全員当選
2021年　衆議院選挙で32議席獲得
2022年　参議院選挙で27議席獲得
2023年　衆議院小選挙区における東京での選挙協力解消を自民党に通告

無党派層の取り込みが難しい点が〝弱点〟

公明党は、近年の国政選挙ではおよそ600万から700万の票を得ています。800万を超えるときもありますが、これは「選挙区は自民、比例は公明」といった、自民党との選挙協力によるもののようです。自民党の友好団体で最大の組織票を持つとされる「全国郵便局長会」でも60万票程度と言われているため、公明党の組織票の規模の大きさがわかります。一方で、公明党の弱みは、いわゆる「無党派層」の取り込みが難しいことです。今後は、「支持者＝学会員」という図式を超え、政策や主張での支持獲得が課題と言えそうです。

日本共産党

（Japanese Communist Party）

DATA ※以下データは2023年7月31日現在のものです

結成	1922年
幹部委員長	志位 和夫
前身政党	──
創立者	堺利彦、山川均、近藤栄蔵ほか
衆議院議席数	10議席
参議院議席数	11議席

所属議員

衆議院

穀田恵二／塩川鉄也
赤嶺政賢／高橋千鶴子
笠井亮／宮本たけし　ほか

参議院

小池晃／山下芳生
田村智子／倉林明子
吉良よし子／山添拓　ほか

keyword

安保法制廃止、政党交付金、赤旗、共産主義

100年以上の歴史を持つ日本最古の政党

日本共産党（以下、共産党）は、令和4年（2022年）に結党100周年を迎えた、党派の合流や党名変更などを経験せずに現存する日本最古の政党です。しかし、その100年で共産党のあり方は大きく変わりました。なかでも大きな変化は、ソ連共産党の指導を受けない「自主独立路線」と、武装闘争方針を放棄した「平和革命路線」の2つです。国内でもっとも長い歴史を持ちながら、共産党は一度も政権に参加したことがありません。また、「55年体制」以来、自民党とは対決姿勢をとっていますが、他の野党からは敬遠され続けました。

各種比率データ

所属国会議員の年代分布

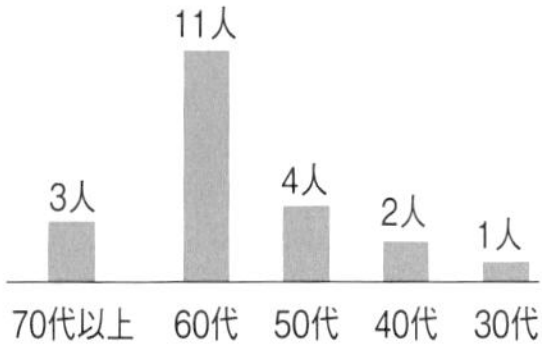

衆議院議席数

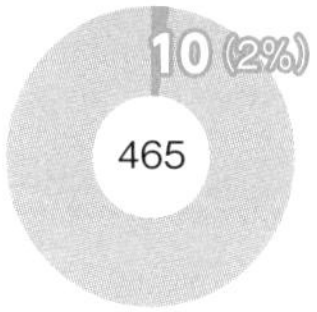

所属国会議員の男女比

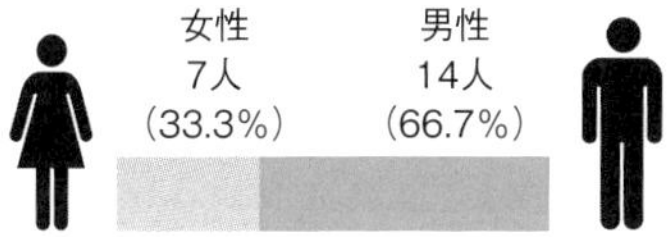

参議院議席数

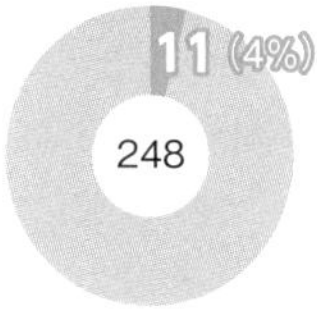

「野党共闘」と「国民連合政府」構想

1つの転機となったのは、平成27年（2015年）の夏、集団的自衛権行使に関わる憲法解釈や、平和安全法制（安保法制）に反対する市民運動が盛り上がったときでした。学生団体「SEALDs《シールズ》」などが先頭に立ち、国会周辺で連日、市民の大規模なデモが行われ、民主党、社民党、生活の党と山本太郎となかまたちと共産党の4野党国会議員がこれに呼応しました。法案が可決成立した9月19日、共産党は野党に対し、「戦争法（安保法制）廃止の国民連合政府」の実現を呼びかけ、このことが野党の選挙協力のきっかけとなりました。

1922年	日本共産党結党
	ソ連が主導する共産主義インターナショナルの日本支部となる
1924年	日本共産党解党
1925年	治安維持法制定
1926年	日本共産党再結党
1927年	初の綱領的文書「27年テーゼ」採択
	衆議院選挙で日本共産党推薦の山本宣治が当選
1928年	三・一五事件。党員、党関係者約1600人が治安維持法違反で検挙
	しんぶん赤旗創刊
1929年	四・一六事件。党員、党関係者約300人が治安維持法違反で検挙
1931年	小説家の小林多喜二が入党
1933年	小林多喜二が治安維持法違反容疑で逮捕、拷問死する
1935年	党中央委員会が壊滅
1945年	第二次世界大戦終戦
	党中央委員会再建
	衆議院選挙で5議席獲得
1946年	武装闘争方針を放棄した「平和革命路線」方針を決議

存在感を増すためにはさらなる変化が求められる

平成28年（2016年）の参議院選挙では、1人区で野党統一候補を立てる選挙協力が実現。ほとんどは共産党が選挙区候補者を比例に回す形でしたが（32区のうち、民進党15、無所属16、共産1）、結果は、前回の参院選で野党が2勝29敗だったのに対して、このときは11勝21敗と勝率は改善しました。また、共産党は立憲と同様に「安保法制の廃止と立憲主義の回復を求める市民連合」との政策合意を結びましたが、立憲の支持団体である労組の「連合」とは必ずしも良好な関係と言えず、存在感を示すにはさらなる変化が求められます。

1949年　衆議院選挙で35議席獲得
1957年　ソ連からの自主独立を発表
1958年　約40年間党を牽引した宮本顕治が書記長に就任
1961年　「1961年綱領」制定
1970年　委員長に宮本顕治、書記長に不破哲三が就任
　衆議院選挙で野党第2党に躍進
1980年　日本社会党と公明党が連合政権合意、日本共産党を排除
1990年　書記長に志位和夫が就任
1991年　ソ連共産党解体
1994年　小選挙区制を中心とする政治改革法案成立
2000年　委員長に志位和夫、不破哲三が議長に就任
2015年　「戦争法（安保法制）廃止の国民連合政府」の実現を提起
2016年　書記局長に小池晃が就任
2021年　衆議院選挙で立憲民主党と共闘

財政を支えるのは機関誌「しんぶん赤旗」

共産党は、「政党交付金」を受け取らずに党財政を運営している唯一の国政政党です。政党交付金は、要件を満たす政党の議員数と得票数の割合に応じて交付されるもので、令和5年（2023年）の総額は約315億円でしたが、そのうち、衆参で第1党の自民党には約159億円、最少額の参政党にも約1億8000万円が交付されました。共産党は、規約で政治資金収入を党費、事業費、個人献金に限っていますが、年間収入は自民党に次ぐ規模で、収入のうち約8割を占める事業費のほとんどは、機関紙「しんぶん赤旗」の購読料です。

国民民主党

（Democratic Party For the People）

DATA ※以下データは2023年7月31日現在のものです

結成	2020年
代表	玉木雄一郎
前身政党	旧国民民主党
初代代表	玉木雄一郎
衆議院議席数	10議席
参議院議席数	11議席

所属議員

衆議院

前原誠司／古川元久
鈴木義弘／西岡秀子
浅野哲／鈴木義弘　ほか

参議院

大塚耕平／浜野喜史
榛葉賀津也／舟山康江
浜口誠／礒崎哲史　ほか

keyword

立憲民主党、当初予算案賛成、改革中道政党

民進党と希望の党の議員が合流して結成

立憲民主党が分離独立したことで、民進党は、衆院で事実上の「解党」となり、希望の党へ合流しました。平成29年（2017年）10月執行の総選挙直前のことです。選挙の結果、希望の党は7議席を減らし、50議席を獲得。野党第2党となりました。その後、参院議員が残留した民進党と希望の党が合流する形で「国民民主党」が結成されます。党設立大会が平成30年5月に開かれ、民進の大塚耕平参院議員、希望の玉木雄一郎衆院議員が共同代表に就任しましたが、厳密には、現在の「国民民主党」とは異なります。

各種比率データ

所属国会議員の年代分布

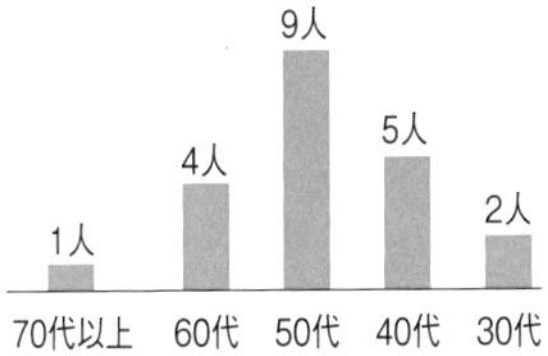

衆議院議席数

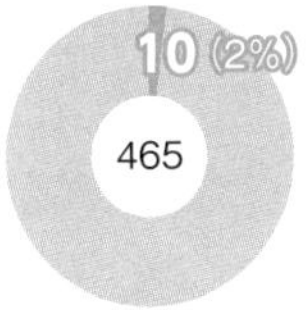

所属国会議員の男女比

参議院議席数

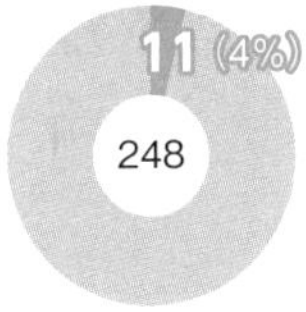

政党の設立当初には政権交代実現の意向を表明

設立当時、玉木共同代表は、5年ほどのスパンで政権を担える「かたまり」をつくり、2020年代前半に政権交代を実現したいとの意向を示しました。「対決より解決」という言葉はこのころから使われています。令和2年（2020年）9月11日、長く紆余曲折した野党再編の交渉がようやくまとまり、国民、立憲の双方が一旦解党し、両党員は各々の新しい党へ所属することになりました。これが現在の「国民民主党」（以下、国民民主）です。玉木代表は、引き続き「対決より解決」で、政策提案型の改革中道の党を目指すと標榜しました。

1996年	旧民主党結党
1998年	旧民主党・民政党・新党友愛・民主改革連合が合流し、民主党を結党
2007年	参議院選挙で民主党が自民党に勝利し、第1党となる
2009年	衆議院選挙で自民党に圧勝し民主党政権誕生
2012年	衆議院選挙で民主党は自民党に大敗
2016年	民主党・維新の党が合流し、民進党を結党
2017年	小池百合子が民進党離党議員とともに希望の党を結党 民進党代表に前原誠司が就任 前原代表が衆議院選挙における希望の党との合流を決定、民進党分裂 衆議院選挙で希望の党は旧立憲民主党に敗北 希望の党共同代表選挙で玉木雄一郎が共同代表に就任 前原誠司が民進党代表を辞任

「連合」の支持を受けるも立憲とは異なる方針も

2023年現在、国民民主には、衆院10名、参院11名の議員が所属しています。立憲と同様、選挙では「連合」（日本労働組合総連合会）と友好関係にあります。産別組織としては、主に、旧「同盟」系であるUAゼンセン（繊維、流通、サービス）、自動車総連、電力総連、電機連合、JAM（機械、金属）といった国内主力産業の労組が国民民主の支持に当たり、それぞれの組織票は、およそ15万から25万です。「連合」の支持と言っても、こうした産別組織の違いによって、たとえばエネルギー政策など、立憲と異なる部分もあります。

2018年　民進党・希望の党・旧立憲民主党の統一会派結成が破談
民進党・希望の党による新党結成への合意書に両党が署名
希望の党内が新党合流派と残党派に分かれ、解党
玉木雄一郎ら新党合流派が国民党を結党
国民党と民進党が合流し、旧国民民主党を結党。民進党代表の大塚耕平と玉木雄一郎が共同代表に就任
代表選挙にて玉木雄一郎代表に一本化
2019年　小沢一郎率いる自由党と合併
2020年　旧国民民主党・旧立憲民主党が合流し、立憲民主党結党
玉木代表率いる合流反対派で国民民主党を再結党。代表選挙にて玉木雄一郎が代表に再選
2021年　東京都議会議員選挙で4名の公認候補を擁立するも全員落選
衆議院選挙で共産党を抜いて野党第3党に躍進
野党共闘の枠組みから離脱。維新の会、都民ファーストの会との連携へ
2022年　第二次補正予算案に野党唯一賛成を提示

令和4年に異例の当初予算案賛成を表明

令和3年（2021年）の衆院選後、国民民主は、立憲、共産、社民と協議してきた国会対応の枠組みから離脱することを決定。一方、維新の会とは法案の共同提出や改憲議論の促進などで連携する方針を確認しています。令和4年2月、国民民主は、政府予算案に衆院本会議で賛成。主要野党の一部が当初予算案に賛成するのは極めて異例であり、他の野党からは「与党へのすり寄り」として批判の声が上がりました。玉木代表は「コロナ禍の緊急事態で、予算の早期成立が必要」と説明しましたが、令和5年には再び反対に転じました。

れいわ新選組

(Reiwa Shinsengumi)

DATA ※以下データは2023年7月31日現在のものです

結成	2019年
代表	山本太郎
前身政党	自由党
初代代表	山本太郎
衆議院議席数	3議席
参議院議席数	5議席

所属議員

衆議院

大石あきこ
くしぶち万里
たがや亮

参議院

大島九州男／木村英子
天畠大輔／舩後靖彦
山本太郎

keyword

れいわローテーション、れいわ旋風、無党派

元俳優の山本太郎が設立した〝草の根政党〟

れいわ新選組（以下、れいわ）は、平成31年（2019年）当時、自由党に所属していた山本太郎参院議員が、同年夏の参院選に向けて立ち上げた政治団体。参院選では、比例特定枠の2名（舩後靖彦議員、木村英子議員）が当選し、得票率も2％を超えたため、政党要件を満たしました。同選挙で山本氏は落選しましたが、党代表に就任。現在は、山本氏を含む衆院3名、参院5名の議員が所属しており、そのうちの参院の1議席の残り任期を5名で1年ずつ務める「れいわローテーション」を表明しました（2023年現在は大島九州男議員）。

各種比率データ

所属国会議員の男女比

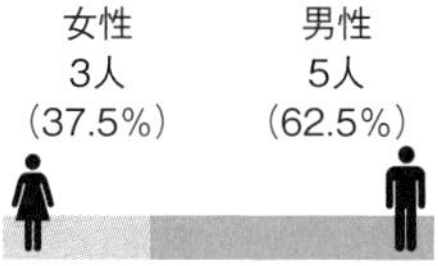

所属国会議員の年代分布

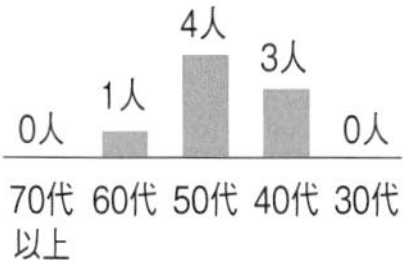

参議院議席数

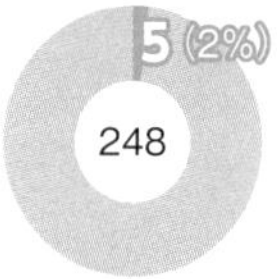

衆議院議席数

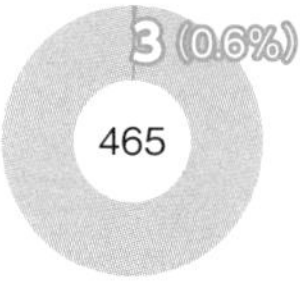

れいわ新選組 年表

2019年
- れいわ新選組結党。代表に山本太郎就任
- 結党記者会見において政策発表
- 参議院選挙に、重度の身体障害者、性的少数者、派遣労働者など社会的弱者を中心とした9人の候補者を擁立
- 山本代表の政見放送がYouTubeで84万回再生を記録
- 参議院選挙で山本代表が落選

2020年
- 山本代表が東京都知事選に党公認で立候補、落選

2021年
- 衆議院選挙で山本代表が当選、国政復帰

2022年
- 山本代表が衆議院議員辞職
- 参議院選挙に山本代表含む14人が立候補、3議席獲得
- 結党後初の代表選挙で山本代表が再選、大石あきこ、くしぶち万里が共同代表に就任
- 水道橋博士が議員辞職

2023年
- 「れいわローテーション」発表
- 統一地方選挙市議選で25議席獲得

SNSや動画投稿サイトを活用した選挙・政治活動

れいわは、SNSや動画投稿サイトを積極的に活用した選挙で知られています。先に触れた参院選では、その盛り上がりが「れいわ旋風」とも呼ばれました（同年の流行語大賞にもノミネート）。また、選挙時以外でも、山本代表が全国の街頭で演説する映像を日々公開しており、聴衆から質問を受けて丁々発止のやりとりをする山本代表の姿が見られます。組織票を持たず、「草の根政党」を自称するれいわには無党派層の掘り起こしが期待されており、これまで3度の選挙では200万強の比例票を獲得しています。

社会民主党

(Social Democratic Party)

DATA ※以下データは2023年7月31日現在のものです

結成	1996年
党首	福島みずほ
前身政党	日本社会党
初代党首	村山富市
衆議院議席数	1議席
参議院議席数	2議席

所属議員

衆議院

新垣クニオ

参議院

大椿ゆうこ
福島みずほ

keyword

社民党、自社さ連立政権、社会主義

「55年体制」下においては野党第一党だった歴史ある政党

「55年体制」において自民党に対峙する野党第1党だった「日本社会党」が、平成8年（1996年）1月に党名を変更して「社会民主党」（以下、社民党）が発足しました。党勢は衰退の兆しを見せてはいましたが、「自社さ連立政権」の一翼を担う存在であり、党からは当時の橋本内閣に6人の閣僚を輩出していました。しかし発足から間もなく、それまで支持基盤だった労働組合が民主党（当時）の支持に回ったことで、社民党を離党する議員が続出。同年、党の立て直しのため、社会党時代に委員長を務めた土井たか子が党首に復帰しました。

各種比率データ

所属国会議員の男女比

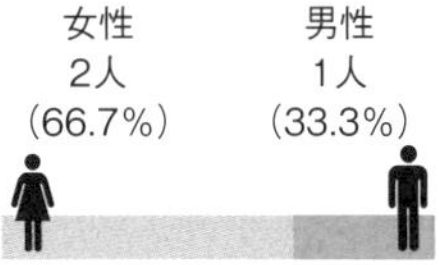

所属国会議員の年代分布

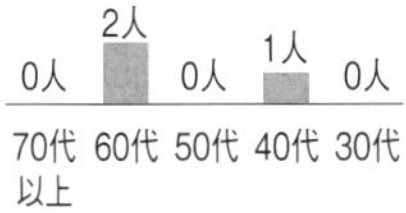

参議院議席数

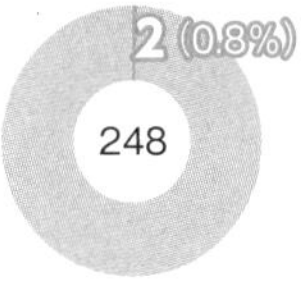

衆議院議席数

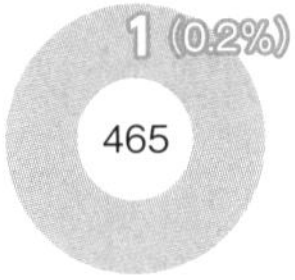

社会民主党 年表

1996年	日本社会党から改称、発足。自社さ連立政権に継続参加 新党さきがけとの合流で党内分裂。残留派により存続し、党首に土井たか子が就任
1998年	自社さ連立政権離脱
2003年	衆議院選挙で18議席から6議席に激減。土井たか子が党首を辞任し、福島みずほが就任
2005年	衆議院選挙で大敗、職員の整理解雇を実施
2009年	民社国連立政権に参加
2010年	福島党首が消費者・少子化担当相罷免 民社国連立政権離脱
2013年	参議院選挙で1議席となり、福島党首が引責辞任。党首に吉田忠智が就任
2020年	党首に福島みずほが再任
2021年	衆議院選挙比例代表での議席を失う
2022年	参議院選挙で福島党首が当選し、政党要件を維持

支持基盤を失うも地方議会では衰退せず

平成15年(2003年)の総選挙では、秘書給与詐取事件や北朝鮮による拉致問題などへの対応が批判され、議席を大幅に減らしました。その後も党勢衰退には歯止めがかからず、現在の所属議員は衆院1名、参院2名のみです。過去には政党要件である得票率2%に届かなかった選挙もあり、国会では薄氷を踏むような党運営が続いていますが、地方議会では、まだ国政ほどの衰退には至っていません。令和2年(2020年)には立憲への合流協議、党分裂という危機もありましたが、地方組織の慎重意見が強く、実現には至りませんでした。

参政党

DATA

結成	2020年
代表	松田学
前身政党	政党DIY
初代代表	松田学
衆議院議席数	0議席
参議院議席数	1議席

自分たちでゼロからつくる

「投票したい政党がないから、自分たちでゼロからつくる」をスローガンに、令和2年（2020年）に結党。SNSや動画投稿サイトを駆使し、党員・サポーター3万人、寄付金額3億円の目標を達成しました。令和4年の参院選では比例で1議席を獲得し、翌年の統一地方選でも議席を得ました。

NHKから国民を守る党

DATA

結成	2013年
党首	立花孝志
前身政党	政治家女子48党
初代党首	立花孝志
衆議院議席数	0議席
参議院議席数	2議席

改名を繰り返す単一論点政党

NHKの受信料制度を改め、スクランブル放送の実現を公約にした「NHKから国民を守る党」は、令和元年（2019年）の参院選で立花孝志党首（当時）が当選し国政政党に。党の名称は数度にわたって変更され、令和5年8月、「政治家女子48党」から元の名称へ。所属国会議員は参院2名。

※2023年8月9日の党総会決議を踏まえて表記していますが、2023年8月22日現在、大津党首の「政治家女子48党」と国会議員2名含む立花党首、齊藤代表の「NHKから国民を守る党」の二派で対立中です。

沖縄の風（会派）

DATA

結成	2016年
代表	伊波洋一
前身政党	沖縄社会大衆党
初代代表	糸数慶子
衆議院議席数	0議席
参議院議席数	2議席

2名の議員からなる「会派」

政党ではなく参議院内の会派で、現在は高良鉄美（沖縄社会大衆党委員長）と、伊波洋一（無所属）の2名で構成。会派代表は伊波氏。辺野古の新基地や高江のヘリパッド建設、石垣・宮古など先島への自衛隊配備など、主に沖縄における政府の政策に反対する立場を表明しています。

有志の会（会派）

DATA

結成	2021年
代表	吉良州司
前身政党	―
初代代表	吉良州司
衆議院議席数	5議席
参議院議席数	0議席

中道・新保守を掲げる衆院会派

2021年の総選挙において、無所属で自民党候補と戦い当選した野党系議員で結成された衆議院内の会派で、メンバーは吉良州司、北神圭朗、緒方林太郎、福島伸享、仁木博文の5名。「中道・新保守」を旗印に、「生活者主権政治」「将来世代最優先の政治」を標榜しています。

※データは2023年7月31日現在のものです

「政党」と「会派」の違い

「会派」は2人以上の議員で構成するグループです。通常は同じ政党の議員が集まりますが、政党に所属していない議員同士、異なる政党に所属する議員同士でも組むことができます。委員会の委員数、理事、質疑時間などは、会派の所属議員数に比例して割り当てられます。両院の議長・副議長は慣例により、会派に属しません。

なお、「政党」は、議員1人でも立ち上げることができますが、政党助成金の交付を受けるには、5人以上の国会議員の所属か、総選挙または通常選挙で2％以上の票を得るという条件があります。

確認団体とは

選挙運動期間中、政党その他の政治団体は、以下の政治活動が禁止されています。

①政談演説会、街頭政談演説の開催
②ポスター、立札、看板類の掲示
③ビラやパンフレットの配布
③街宣車、拡声器を使用しての宣伝

例外的に政治活動が許されるのは、選管等に申請して「確認書」が交付された団体のみで、それを「確認団体」と呼びます。

令和4年（2022年）の参議院議員では、2023年現在の国政政党のほか、**幸福実現党**、**日本第一党**、**新党くにもり**、**維新政党新風**、**ごぼうの党**という5つの確認団体が候補者を擁立しました。

Column ⑤

「無所属候補」をどう選ぶ？

政党に所属していなければ政策は進められない？

国政選挙に、無所属で出馬する候補者は少数です。なぜなら、国会で政策を実現するためには、政党に所属したほうが有利だからです。野党には政権交代がありえますが、無所属の議員にその可能性はありません。野党や無所属でも、政策が一致する与党の議員と委員会などで協力するという方法はありますが、やはり影響力は限定されます。

とはいえ、**無所属議員は、政党の方針や規則に縛られることなく、自由な発言や主張ができます**。そのため、無所属議員のほうが自分の意見に近い候補者を探したり、意見を伝えたりしやすいという考え方もあります。しかし、国政選挙において「1票の価値」を高めるためには、やはり「政党」を軸に考えるべきと考える人は多いです。ちなみに、国会での質問権は政党ではなく会派に与えられるため、多くの場合、無所属議員は何かしらの「会派」（前ページ参照）に属しています。「無所属の候補者の中に気になる人がいる」という場合は、そうした「背景」も調べてみるとよいでしょう。ちなみに**地方議会の場合は、政党の影響力が弱いため無所属候補が増えます**。

Column ⑥

政治家の「世代交代」と「男女比」の現状

「日本の政治家は高齢者ばかり」は本当か？

日本の政治家は、世界と比較して高齢の人が多いと言われています。実際に、2018年に公開されたOECDの報告書によると、日本の閣僚（大臣）の平均年齢は62・4歳で、**35カ国中「最高齢」**という結果でした。ちなみに、2021年に行われた衆議院選挙では、大物議員の落選が相次いだことから「世代交代の選挙」とも言われましたが、実際のところはどうだったのでしょうか？ 当選者の平均年齢を過去2回の衆院選と比較すると、2014年は53・04歳、2017年は54・74歳、そして2021年は55・53歳と、実は、高齢化が着々と進んでいます。

左ページのグラフは、2021年の衆院選における各党の当選者を前職・元職・新人に分けて比較したものですが、自民党や立憲民主党といった大きな政党では「前職」が80％前後を占めています。大政党は議員数が多い分、当然ながら前職の立候補者が多くなります。また、そうした候補者のほうが選挙に強い傾向にあります。そして**当選回数が多いほど党内での影響力は強まり、知名度も高まる**ので、ますます高齢化が

政党別当選者の前職・元職・新人の比率（2021年衆院選）

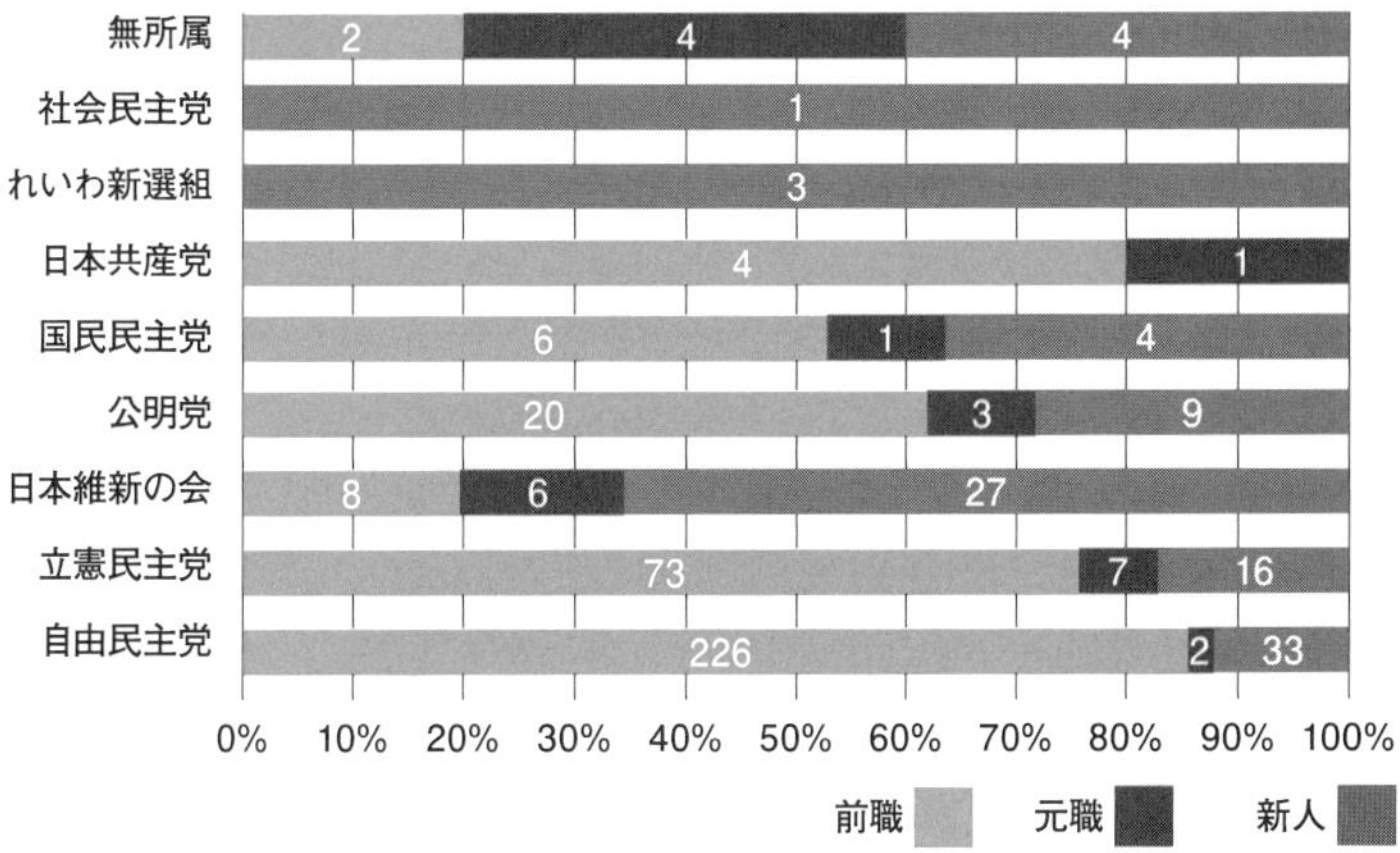

進んでいきます。とはいえ、幅広い世代や立場の国民の声を反映することが政治の役割であることを考えると、各政党や政治家本人が、意識的に世代交代を進めていく必要があるといえそうです。

日本の女性国会議員の比率は10%前後を推移

男女格差の是正も、現在の日本が抱える大きな課題です。世界経済フォーラムが2023年に公表した「ジェンダーギャップ指数」によると、**日本は146カ国中125位と、先進国の中では最低レベル**でした。政治分野においては、平成30年（2018年）に「政治分野における男女共同参画の推進に関する法律」が施行され、

政党当選者の男女比（2021年衆院選）

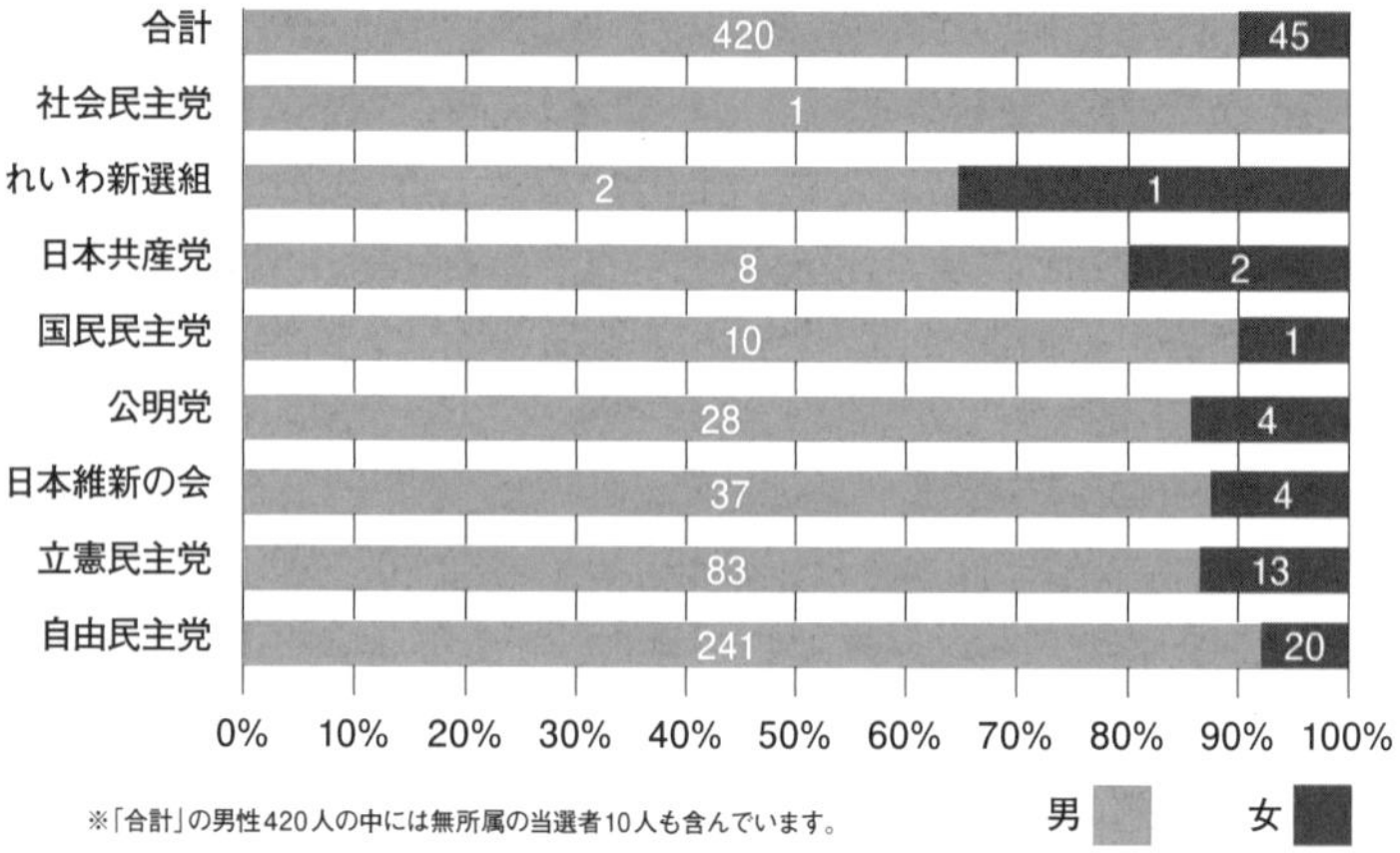

※「合計」の男性420人の中には無所属の当選者10人も含んでいます。

各政党に努力義務が課されるなど改善が期待される分野ですが、過去3回の衆院選を見る限り、女性議員の比率は10％前後を推移しており、改善にはほど遠い状況です。

上にグラフで示したとおり、政党ごとに違いはあるものの、いまだに男女比には大きな差があるため、「世代交代」と同様に、男女比についても、各政党や国会そのものが、候補者の男女比を考え直す必要がありそうです。

政治家の年齢分布や男女比のあり方については、人それぞれに多様な意見があります。単にイメージで語るのではなく、こうしたデータに基づいて読み解くことで、選挙や政治に反映すべき課題を認識することも大切です。

第7章

「国会」と「国会議員」

「国会」とはどんなところで、何をする場所なのか？ そして「国会議員」の仕事とは？ 第7章では、知っているようで意外と知らない「政治のしくみ」をひもときます

「国会」の基礎知識

■国会は「国権の最高機関」にして「唯一の立法機関」

国会は、憲法第41条によって「国権の最高機関であって、国の唯一の立法機関である」と定められています。日本の政治の枠組みは、国会（立法府）、内閣（行政府）、裁判所（司法府）の三権が互いにチェックし合う三権分立の体制ですが、その中でも**国会は、ほかの2つよりも上に立つ「国権の最高機関」と規定されている**のです。なぜなら、国の主権者は国民であり、国会はその国民から直接、代表として選ばれた国会議員によって構成されるからです。また、**憲法に「唯一の立法機関」とあるとおり、国会による立法以外の立法は、原則として許されていません。**

「立法府」という別称からもわかるとおり、国会の最大の仕事は「国の法律を決める（制定・改定する）」ことです。また、政治を行うために必要な予算を決めたり、外国と結んだ条約を承認したりすることも国会の重要な仕事です。

三権分立のしくみ

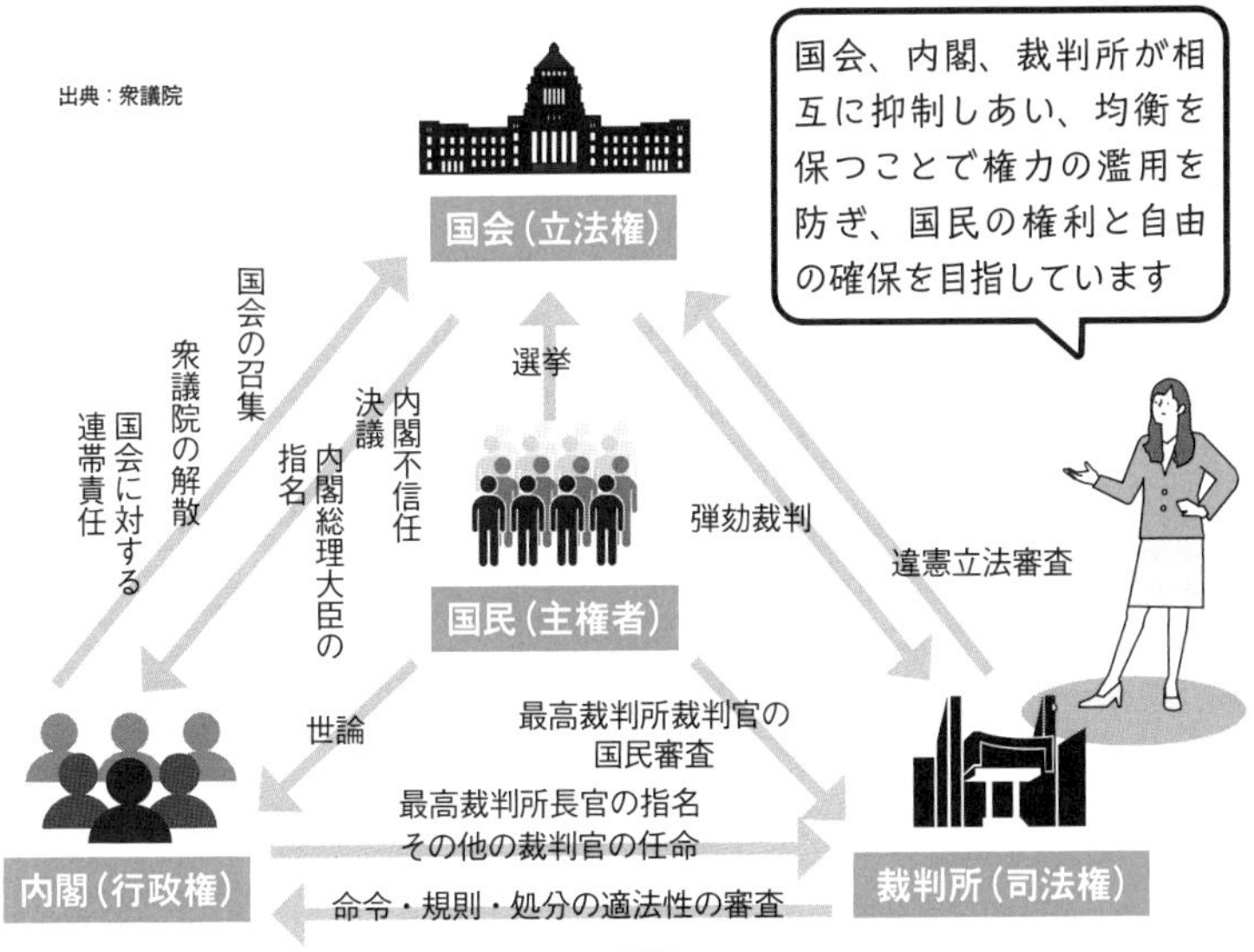

日本の国会は衆議院と参議院からなる二院制で、国会議事堂を正面から見て、左側にあるのが衆議院、右側にあるのが参議院です。二院制を採用した背景には、両院が互いにチェックし合い、より慎重に審議を行うという意図があります。

国会には「通常国会」「臨時国会」「特別国会」の3つの会期がある

国会が開かれ、活動する機関を「会期」といいます。会期は、**毎年1月から150日間開かれる「通常国会（常会）」のほか、議員の4分の1以上の要求があった際などに招集される「臨時国会（臨時会）」、解散総選挙の直後に開催される「特別国会（特別会）」**の3つがあります。会期は、常会

衆議院と参議院の違い

衆議院		参議院
465名	定数	248名
4年（解散すれば任期終了）	任期	6年（3年ごとに半数改選）
あり	解散	なし
25歳以上	被選挙権	30歳以上

は1回、臨時会と特別会は2回まで延長することができます。

ほかに、衆議院の解散中、国に緊急の問題が起こった場合に参議院だけで集まる「緊急集会」もありますが、1950年代以降に開かれたことはありません。

国会の仕事の軸は「本会議」の前に行われる「委員会」にある

国会と聞くと、多くの人は議員全員が集まって審議を行う「本会議」をイメージするかもしれませんが、**実際の審議は、本会議の前の「委員会」を中心に進められます。**まずは法律案などの議案を10～50名程度の少人数の委員が十分に審議し、そのあとで本会議にかけるほうが効率的に審議を行え

国会の主な仕事

❶法律の制定
内閣または議員が法律案を提出し、国会で審議・制定される。

❷予算の議決と決算の審議
内閣が作成した予算を提出し、国会で審議・議決される。

❸条約締結の承認
内閣が外国との間で交わした条約は、国会によって承認される。

❹内閣総理大臣の指名
内閣総理大臣は、国会が議員の中から指名し、天皇が任命する。

❺憲法改正の発議
憲法改正は国会が発議し、国民投票によって可否が決まる。

❻衆議院の内閣不信任決議
衆議院は、内閣に対して信任・不信任の決議をすることができる。

❼両議員の国政調査
衆参両院は国政全般について調査する権限が与えられている。

❽裁判官弾劾裁判所の設置
罷免の訴追を受けた裁判官を裁く裁判所を設置。

るという考えに基づいて、委員会は設置されています。

衆参両院にはそれぞれ17の「常任委員会」があり、議員は、少なくとも1つの常任委員となることになっています。また、特別の事件や案件がある場合には、会期ごとに「特別委員会」が設けられます。

委員会では、本会議にかける前の審議のほか、国勢調査や法律案の提出などを行うこともできます。

日本では、戦前までは本会議を中心にして議案の審議を行う「本会議中心主義」をとっていましたが、現在は、委員会を中心にして審議を行う「委員会中心主義」を採用しています。そのため、委員会は国会活動の中でも重視されています。

「国会議員」の仕事とは？

■国会議員のもっとも重要な仕事は「法律を決める」こと

前項で、国会の主な仕事は「法律を決めること」と書きましたが、ということは当然、**国会議員の主な仕事も「法律を決める」ための業務がメイン**になります。また、国会議員の活躍の場として誰もがイメージするのが、国会で行われる本会議への出席ですが、こちらも前項で解説したとおり、本会議の前には常任委員会や特別委員会などの会議があり、議員はそれらに出席して本会議にかける議案について質問や提案、議論などを行い、会議前には議案に関する調査や委員会質問の準備なども行います。

また、国会の閉会期間中も、議員は議員連盟など超党派の勉強会や関係団体の会合に出席したり、地元選挙区で報告会を開いたり、面談やＳＮＳなどさまざまな形で届く有権者の声に耳を傾けたり、各種メディアへの対応をしたりと多様な業務をこなすほか、近年はＳＮＳやＷｅｂでの発信も政治家の重要な仕事となりつつあります。

国会議員の収入

基本的な給与・手当

・歳費	1552万8000円（月額129万4000円）
・期末手当	635万円
・調査研究広報滞在費	1200万円（月額100万円）
・立法事務費	780万円（月額65万円）

その他

・政党交付金	？円
・企業や個人からの献金	？円

そのほかにも、JR特殊乗車券（国会議員が無料でJRに乗車できる無料パス）、国内定期航空券の交付、3人分の公設秘書給与といった優遇措置があるほか、オフィスにあたる議員会館の賃料は無料、家族とも居住可能な都心の議員宿舎が格安で借りられるという特典も

国会議員になったとしたらどれぐらいのお金がもらえる？

国会議員になると、衆議院・参議院にかかわらず、ともに毎月129万4000円の歳費（給料）が支給されます。そのほか、6月と12月には期末手当（賞与）があるため、国会議員の年収はおよそ2200万円になります。

ほかにも、調査研究広報滞在費（旧・文書通信交通滞在費〈文通費〉）が年間1200万円、立法事務費が年間780万円など各種手当てがあり、すべてを受け取ると4000万円以上の年収になるほか、議員によっては政党交付金も分配されます。

とはいえ、**これらのお金は、すべて私的**

国会議員の1日（シミュレーション）

7:00	議員宿舎から出勤
7:30	秘書と委員会についての打ち合わせ
8:30	所属政党の会合に出席
10:00	委員会に出席
12:00	昼食
13:00	本会議
14:30	本会議散会

な収入として使えるわけではありません。

私設秘書やアルバイトなどへ支払う人件費、家賃や光熱費、通信費などの事務所の維持管理費、パンフレットやビラなどの制作・配布といった政治活動費など支出も多く、それらの支出が収入を上回る場合もあるため、議員によっては、足りない分を支援者からの献金で賄っています。

国会議員になる人はどんな経歴の人が多い？

国会議員になるのに、特別な資格は必要ありません。日本国民で、衆議院は25歳以上、参議院は30歳以上であれば、誰でも選挙に立候補できます。

しかし、国政選挙で勝つには「三バン」

15：30　地元支援者と会合ののち、国会議事堂を案内

17：00　超党派の勉強会にオンラインで参加

18：30　若手議員の交流会で会食

20：00　議員宿舎に戻り、委員会での担当議案について勉強

22：00　晩酌しながら趣味の読書

24：00　就寝

国会議員の多くは、よくTV中継されている本会議以外の場所でも忙しく活動しています

（110ページ参照）も求められるため、政治に関係ない仕事をしていた人が、いきなり当選するのはかなり難しいです。

ちなみに、現在の国会議員の前職としては、議員秘書や地方議員、官僚といった経歴を持つ人が多く、また、政治とかかわりのない仕事をしていた人の場合は、「○○政経塾」といった政治塾に通い、政治を学んでから立候補する人が多いです。

国会議員になったとしても、衆議院議員は4年（ただし、4年以内に解散する場合がほとんど）、参議院議員は6年の任期を終えると、再び選挙をしなくてはならず、**選挙に負ければ無職**になってしまいます。そのため、経済的基盤を持つ人でない限り、収入面でのリスクが高い職業と言えます。

Column ⑦

世界の国会と日本の国会

「首相」と「大統領」は何が違うのか

日本では、行政のトップを総理大臣や首相と呼びますが、アメリカでは大統領と呼びます。その他の国でも、行政のトップは首相か大統領のどちらかが務めることが多いです。この2つの役職は、似ているようで、実は大分異なっています。

まず、総理大臣は首相と呼ばれることもありますが、この2つは同じです。日本のメディアの場合、日本の首相は「総理大臣」、海外の首相は「首相」と使い分けて、視聴者などに伝わりやすくしていることが多いです。

首相は、行政機関のトップを指す名称で、国民投票ではなく国会で選ばれ、基本的には与党の党首が首相に任命されます。これを「議院内閣制」と言います。日本と同様に首相が行政のトップを務める主な国には、イギリス、オランダ、ベルギー、スウェーデンなどがあります。

一方の大統領は、国のトップ（国家元首）を指し、国民の直接選挙で選ばれる場合と、国会で任命される場合があります。なお、国民が直接選挙で大統領を選ぶアメリ

議院内閣制と大統領制の違い

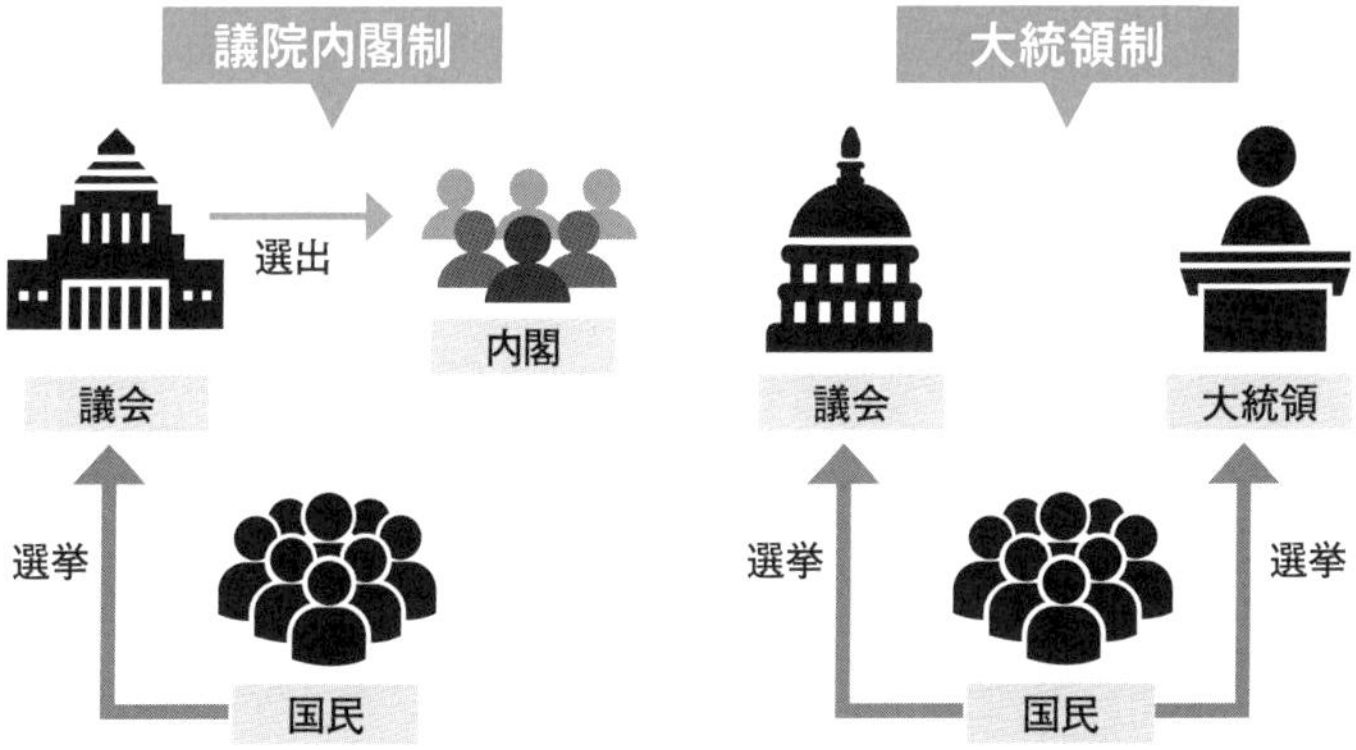

▶国民が選挙で選ぶのは国会議員だけ。議会から選出された首相（基本は与党のトップ）が内閣をつくる。

▶大統領と国会議員は別の国民選挙によって選ばれ、互いに独立している。議員でなくても大統領になれる。

カやフランス、韓国といった国では、大統領が首相よりも大きな権限を持つ傾向にあります。一方、大統領を国会などで決めるドイツ、インド、イスラエルといった国では、実質的な政治権力は大統領ではなく、首相が握っている場合が多いようです。

一般的に、大統領制の国では大統領が首相を任命し、行政を任せることが多いのですが、**アメリカには首相がおらず、大統領が国家元首と行政のトップを兼務するため、大統領が大きな権限を持ちます。**ただし、アメリカの場合は大統領と国会議員が別々の選挙で選ばれるため、大統領の所属政党と議会の多数派が別の政党になり、対立して政治が混乱したり、ストップしたりしてしまうことがあります。

議院内閣制と大統領制のメリット・デメリット

議院内閣制

メリット

- 与党が総理大臣を選ぶため、議会と内閣の対立が少なく政治運営がしやすい。
- 総理大臣が問題ありと判断された場合、議会が辞めさせることができる。
- 議員から総理大臣が選ばれるので、極端な政策が行われるリスクが少ない。

デメリット

- 国民が直接国のトップを選ぶことができないため、民意が反映されにくい。
- 総理大臣は与党と協調関係にあるため、独断による大胆な政策実行が難しい。
- 衆院と参院の最大会派が異なる「ねじれ国会」で政治運営が滞る場合がある。

大統領制

メリット

- 大統領は国民による選挙によって選ばれるため、民意が反映されやすい。
- 不信任や解散がなく任期を全うできるため、腰を据えて政策を実行できる。
- 行政と立法が厳格に独立しているため、行政の暴走が抑制される。

デメリット

- 大統領は国民による選挙によって選ばれるためポピュリズム(※)に陥りやすい。
- 大統領に問題があっても、基本的には任期満了まで辞めさせられない。
- 大統領と国会の対立が起こりやすく、政治運営が難しくなるケースが多い。

日本の総理大臣が持つ特別な権利

ちなみに、日本の総理大臣には、アメリカの大統領にはない特別な権利が与えられています。その権利とは、**衆議院の解散権**です。

憲法7条には、「天皇が内閣の助言と承認により衆議院を解散する」とあるのですが、実質的には内閣の長である総理大臣が解散権を行使する権限を持ちます。解散に反対する大臣を総理大臣は自由に罷免できるわけですから、実際には総理大臣の判断で解散が行われることになるのです。そのため、解散権は「首相の専権事項」「伝家の宝刀」などとも称されます。

※ポピュリズム…大衆からの人気獲得を第一とする政治思想や活動のこと。「大衆迎合主義」とも訳される。

第8章

戦後日本政党史

現代につながる日本の政党政治は、第二次世界大戦の終戦後にはじまりました。第8章では、戦後から現在に至る日本の政党史を、コンパクトにまとめて振り返ります

第二次世界大戦の終結と政党再編、戦後改革

昭和20年（1945年）、戦時中は活動を停止していた諸政党が活動を再開し、日本社会党、日本自由党、日本進歩党、日本協同党、日本共産党などが旗揚げしました。昭和21年（1946年）には、女性が初めて参政権を得た戦後初の総選挙が行われて39名の女性議員を含む新人議員が生まれ、日本自由党が第1党となりました。

昭和26年（1951年）の第3次吉田茂内閣下では、サンフランシスコ平和条約と日米安全保障条約が締結され、日本は国際社会へ復帰。その後、昭和29年（1954年）に公職追放を解かれた鳩山一郎を中心とした反吉田系の保守新党として日本民主党が結成され、吉田内閣は総辞職。第1次鳩山内閣が成立しました。

1945年	第二次世界大戦終結 新党の結成が相次ぐ
1946年	第22回衆議院議員総選挙 第1次吉田茂内閣発足 日本国憲法公布
1947年	日本国憲法施行 日本社会党の片山哲内閣発足
1950年	朝鮮戦争勃発 マッカーサーが警察予備隊創設を指令
1951年	鳩山一郎ら公職追放解除 サンフランシスコ講和条約・日米安全保障条約調印 日本社会党が分裂
1952年	改進党結成 衆議院解散（抜き打ち解散） 保安隊発足 第4次吉田茂内閣発足
1954年	自衛隊発足 日本民主党結成 吉田茂内閣総辞職 第1次鳩山一郎内閣発足

自由民主党の結成と「55年体制」

昭和30年（1955年）に行われた総選挙で、鳩山内閣与党の日本民主党は過半数の議席を獲得することができず、政局不安が続きました。そのため、日本民主党と自由党が合併し、自由民主党が結成されました。これを「保守合同」と言います。これにより、日本社会党を中心とする革新勢力が議席の3分の1を維持し、対して保守勢力である自由民主党が議席の3分の2を確保する保守一党優位の体制（55年体制）が確立されました。昭和35年（1960年）には、岸信介内閣下で日米安全保障条約の改定をめぐって与野党が激しく対立し、安保闘争と呼ばれる国民運動にまで発展。岸内閣は退陣し、池田勇人内閣が成立しました。池田首相は「寛容と忍耐」を掲げ、「所得倍増計画」に象徴される経済中心主義を打ち出して、自民党政権安定の基盤をつくりました。

1955年	社会党統一大会 自由民主党結成（保守合同）
1956年	日ソ国交回復共同宣言
1957年	第1次岸信介内閣発足
1958年	第2次岸信介内閣発足
1960年	民主社会党結成 新安保条約等を自民党単独で強行採決 岸信介内閣総辞職 第1次池田勇人内閣発足
1964年	公明党結成 第1次佐藤栄作内閣発足
1970年	第3次佐藤栄作内閣発足 核拡散防止防止条約に調印 安保条約の自動延長決定

高度経済成長期の自民党政権

昭和39年（1964年）に池田内閣を継いだ佐藤栄作内閣は、8年の長期政権となりました。佐藤政権下では、共産党や、社会党から分裂した民主社会党（1994年に解散）、新たに結党された公明党などが議席を増やし、野党陣営の多党化が進みました。佐藤内閣ののち、田中角栄、三木武夫、福田赳夫、大平正芳、の内閣が誕生しましたが、いずれもほぼ2年という短命に終わりました。昭和55年（1980年）に成立した鈴木善幸内閣、昭和57年にそれを継いだ中曽根康弘内閣は、増大する財政赤字への対応を迫られ、「増税なき財政改革」を目標とした行財政改革を推進しました。続く竹下登内閣下では、平成元年（1989年）に消費税導入を争点とした選挙が行われ、参議院で自民党は過半数割れとなりましたが、政権は維持されました。

1972年	田中角栄内閣発足
1974年	三木武夫内閣発足
1976年	自民党を離党した河野洋平らが新自由クラブを結成 福田赳夫内閣発足
1978年	第1次大平正芳内閣発足 社会民主連合結成
1980年	鈴木善幸内閣発足
1982年	第1次中曽根康弘内閣発足
1983年	ロッキード事件で田中角栄に有罪判決

「55年体制」の終焉と政権交代

平成5年（1993年）、自民党内で大きな勢力を誇った竹下派が、小沢一郎らが率いる羽田派と小渕恵三が率いる小渕派に分裂。同年、羽田派44人が離党し「新生党」を結成しました。同時期には、細川護熙率いる「日本新党」、武村正義を中心に結成された「新党さきがけ」などの新党が続々と誕生。そして同年の総選挙の結果、共産党を除く元野党の7党と、参議院の民主改革連合を加えた8党派で、日本新党の細川護熙を首班（総理大臣）とする非自民党連立政権が発足し、38年間続いた「55年体制」が終わりました。しかし、当初70％もの支持率を得ていた細川内閣は、スキャンダルの影響もあり10カ月あまりで退陣。それを継いだ羽田孜内閣も、社会党と新党さきがけの連立からの離脱、内閣不信任案可決の可能性などもあり、わずか64日で総辞職に追い込まれました。

1986年	衆議院解散（死んだふり解散） 第3次中曽根康弘内閣発足 新自由クラブ解散 土井たか子が日本社会党委員長に就任
1987年	竹下登内閣発足
1989年	消費税スタート 宇野宗佑内閣発足 参院選で自民党が大敗 第1次海部俊樹内閣発足
1991年	宮沢喜一内閣発足
1992年	日本新党結成 PKO協力法成立 自民党竹下派が小渕派と羽田派に分裂
1993年	宮沢内閣不信任決議案可決、衆議院解散 新党さきがけ結成 新生党結成 細川護熙内閣発足

自さ社連立政権で自民党が再び与党に

平成6年（1994年）、自民党は新党さきがけと社会党との連立で政権に復帰し、社会党の村山富市を首班とする村山内閣が成立。同年、新生党、公明党、民社党、日本新党などが結集して新進党が結党されました。平成7年の参議院選挙では社会党が大敗。翌年に社会党の村山首相は退陣を表明し、党名も社会民主党に変更。平成8年には、同年10月の解散総選挙を見越して鳩山由紀夫、菅直人らが民主党を結成。しかし、同年10月の総選挙で自民党は議席を増やし、第2次橋本龍太郎内閣が発足しました。平成9年、新進党が分裂して複数の新党が誕生し、その一部が民主党に合流。その結果、民主党は議席を増やし、平成10年には第2党となりました。同年の参院選で自民党は敗北。その責任をとって橋本内閣は総辞職し、小渕恵三内閣が発足しました。

1994年
新政党、日本新党、民社党などが統一会派「改新」を結成
社会党が連立離脱
羽田孜内閣発足
村山富市内閣発足
新進党結成

1995年
村山談話発表

1996年
村山首相が辞意を表明し退陣
第1次橋本龍太郎内閣発足
社会党が社会民主党に党名変更
太陽党結成

1997年
新進党が解散

1998年
（新）民主党結成
参院選で自民党惨敗、橋本首相退陣
小渕恵三内閣発足
公明党再結成

1999年
小渕内閣改造により自自連立（1月）、のちに自自公連立（10月）発足
ガイドライン関連法、国旗国歌法などが自自公の賛成で成立

自自公、自公保連立政権と政権交代

小渕内閣は、参議院の過半数割れに苦しみ、平成11年（1999年）には自由党、公明党と連立し自自公連立が成立。しかし、平成12年に自由党が離脱し、離脱者の一部は扇千景を党首とする保守党を結成しました。同年、小渕首相が急逝したため森喜朗内閣となり、それに保守党が加わって自公保連立政権が成立しましたが、森首相の失言なども影響して支持率が急落して退陣、平成13年に小泉純一郎内閣が成立しました。小泉内閣は5年におよぶ長期政権となり、平成18年に安倍晋三内閣がそれを継ぐも、安倍首相は体調不良を理由にわずか1年で退陣。その後の福田康夫内閣も短命に終わり、次いで麻生太郎内閣は平成21年の総選挙で敗北し、再び政権交代となりました。その結果、民主党は社民党、国民新党との連立政権を形成し、鳩山由紀夫内閣が発足しました。

2000年　自由党が自自公連立から離脱
自由党が分裂し、連立残留派議員が保守党結成
第1次森喜朗内閣発足

2001年　第1次小泉純一郎内閣発足
小泉首相が田中真紀子外相を更迭

2002年　保守党と民主党離脱者が保守新党結成

2003年　民主党と自由党が合併
保守新党が自民党に合流
第2次小泉純一郎内閣発足

2005年　国民新党結成
新党日本結成
第3次小泉純一郎内閣発足
郵政民営化法案成立

2006年　第1次安倍晋三内閣発足

2007年　福田康夫内閣発足

2008年　麻生太郎内閣発足

自民党が公明党との連立で政権復帰

民主党を中心とする鳩山内閣は、当初、高支持率で発足しましたが、米軍普天間飛行場の移設問題やスキャンダルなどの影響もあり翌年に退陣。ちなみに、民主党政権下の平成22年（2010年）には、日本維新の会の前進である大阪維新の会が発足しています。その後、民主党政権として菅直人内閣、野田佳彦内閣が発足するも、平成24年の衆院選で自民党に大敗し、野田首相は辞任。同年、自民党は公明党との連立で政権復帰を果たし、安倍晋三内閣が発足しました。自民党は、続く平成25年の参院選でも大勝し、自民1強体制の基盤をつくりました。さらに平成26年の衆院選では、自民党と公明党の両党が326議席を獲得して再び大勝し、安倍首相は長期政権への足場を固めました。一方、民主党は党勢拡大を目指し、同年に維新の党と合流し、民進党と改称しました。

2009年	みんなの党結成 鳩山由紀夫内閣発足
2010年	たちあがれ日本結成 社民党が連立政権離脱 菅直人内閣発足
2011年	野田佳彦内閣発足
2012年	国民の生活が第一結成 日本維新の会結成 たちあがれ日本が太陽の党に党名変更 太陽の党が日本維新の会に合流 日本未来の党結成 衆院選で自公が大勝 第2次安倍晋三内閣発足 アベノミクス始動
2013年	国民新党解党 参院選で自民党が大勝し「ねじれ」解消 特定秘密保護法成立
2014年	解釈改憲で集団的自衛権容認 衆院選にて自民・公明両党が大勝 第3次安倍晋三内閣発足

長期政権となった安倍内閣と野党の混迷

平成28年（2016年）、選挙権下限年齢が20歳から18歳に引き下げられた初の国政選挙となった参院選でも、自公連立与党が過半数を大きく上回る70議席を獲得して勝利しました。平成29年、民進党は希望の党との合流に際して分裂し、枝野幸男が立憲民主党を結成。同年の衆院選で立憲民主党は野党第1党となりました。一方、希望の党は衆院選後、参議院を中心とした民進党に合流し、平成30年に国民民主党が発足。令和2年（2020年）には、旧立憲民主党と旧国民民主党などが合流し、新たな立憲民主党が結成されました。

同じく令和2年、およそ8年にわたる長期政権を築いた第2次安倍内閣が退陣し、菅義偉内閣が発足するも、自民党総裁としての任期満了とともに約1年で退陣。それを継いで岸田文雄内閣が成立しました。

2015年	安全保障関連法が成立
	衆院選で自民党が大勝、民進党が分裂
2017年	立憲民主党結成
	第4次安倍晋三内閣発足
	森友学園、加計学園をめぐる疑惑が浮上
2018年	国民民主党結成
2019年	れいわ新選組結成
	「桜を見る会」をめぐる問題で内閣支持率が急落
2020年	国民民主党が、立憲民主党と合流した（新）立憲民主党と（新）国民民主党に分党
	菅義偉内閣発足
2021年	岸田文雄内閣発足
2022年	安倍元首相が銃撃され死亡
	旧統一教会が政治問題化
	安倍元首相の国葬執行に賛否

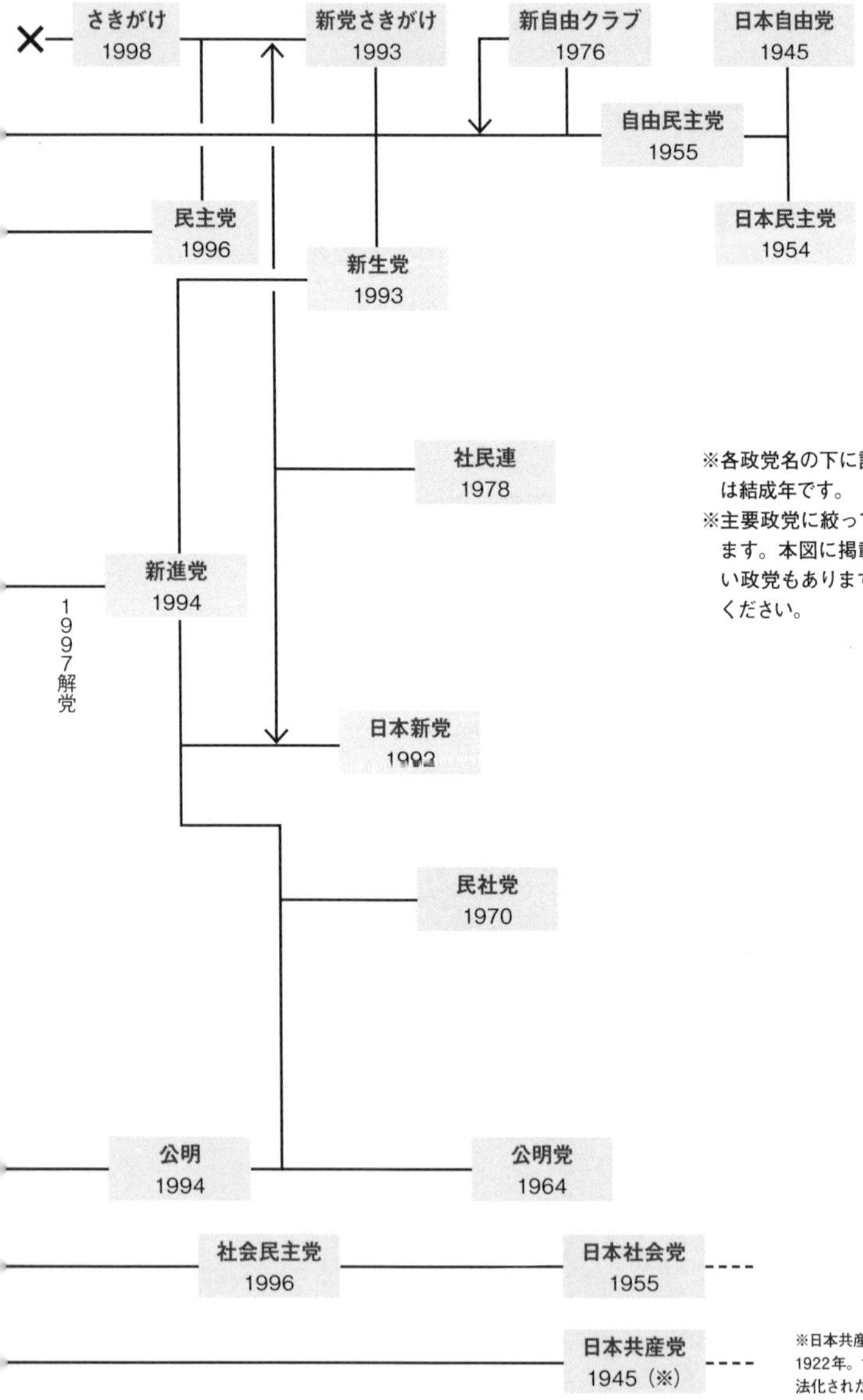

※日本共産党の結党は1922年。1945年は合法化された年。

※各政党名の下に記載した数字は結成年です。
※主要政党に絞って掲載しています。本図に掲載されていない政党もありますのでご了承ください。

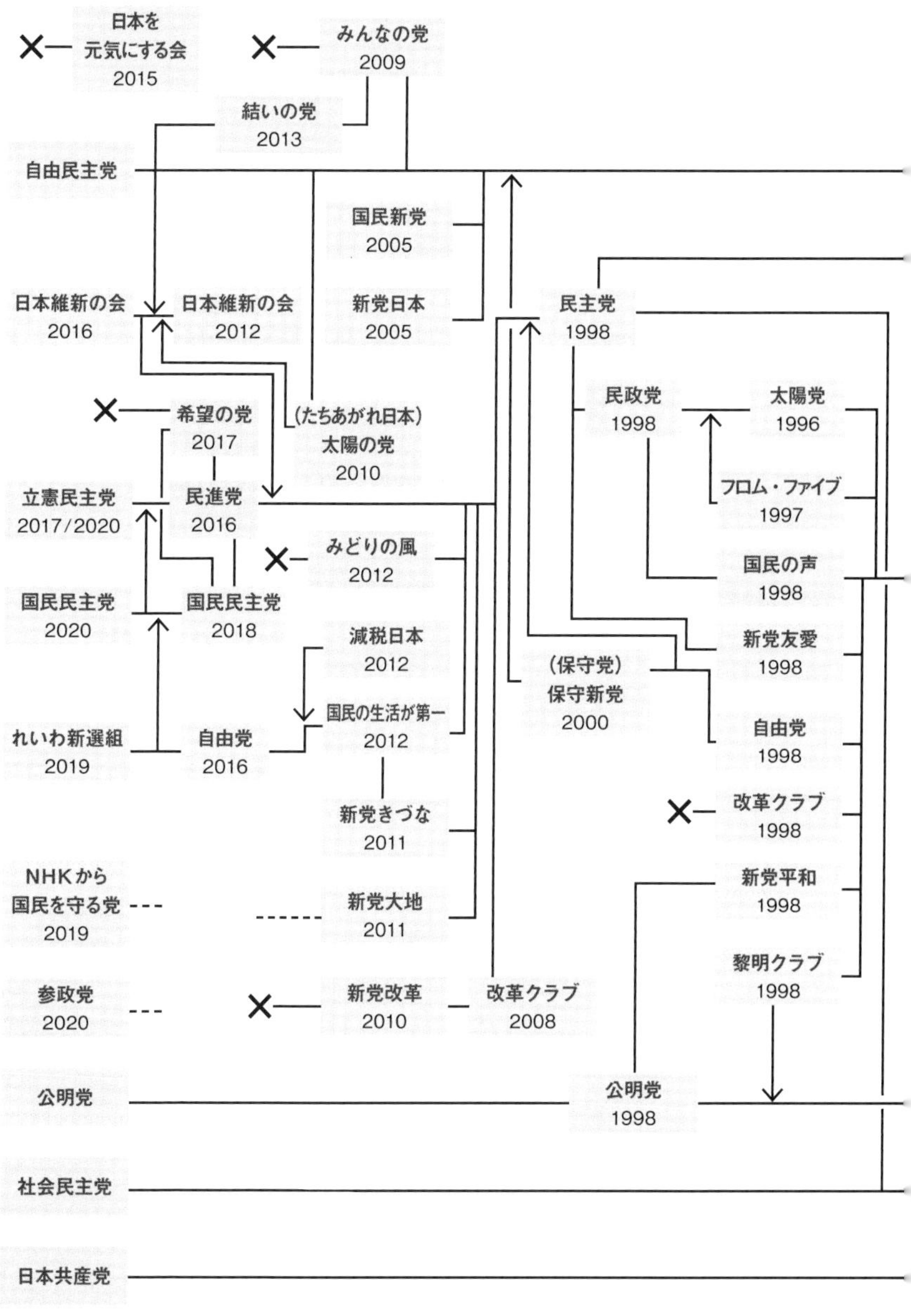
日本を
元気にする会
2015
みんなの党
2009
結いの党
2013
自由民主党
国民新党
2005
日本維新の会
2016
日本維新の会
2012
新党日本
2005
民主党
1998
希望の党
2017
(たちあがれ日本)
太陽の党
2010
民政党
1998
太陽党
1996
立憲民主党
2017/2020
民進党
2016
フロム・ファイブ
1997
みどりの風
2012
国民の声
1998
国民民主党
2020
国民民主党
2018
減税日本
2012
新党友愛
1998
(保守党)
保守新党
2000
国民の生活が第一
2012
れいわ新選組
2019
自由党
2016
自由党
1998
新党きづな
2011
改革クラブ
1998
NHKから
国民を守る党
2019
新党大地
2011
新党平和
1998
黎明クラブ
1998
参政党
2020
新党改革
2010
改革クラブ
2008
公明党
公明党
1998
社会民主党
日本共産党

監修　NPO法人 Mielka

「政治×テクノロジー×教育」をテーマに2016年に発足。政治を中立公平な立場で扱うためにNPO法人として活動している。若年層投票率の低下・政治参加意識の低下に危機感を抱き、若者と政治の距離を近づけるために、社会が意思決定を行うための土台づくりとして政治の可視化（見える化）に取り組む。具体的には、イベントや出前授業、YouTubeやSNSを通じて政治や選挙のことをわかりやすく発信している。国政選挙時には「投票に必要な全ての情報がここに」を掲げるサイト『JAPAN CHOICE』を開発・運営し、多数の賞を受賞。2022年より地方選挙版のWebサイト『LOCAL VOTE』を公開している。

Mielkaホームページ　https://mielka.org/
JAPAN CHOICE　https://japanchoice.jp/
LOCAL VOTE　https://localvote.jp/

主要参考文献

『現代の政党と選挙〔新版〕』川人貞史ほか著（有斐閣）／『現代日本政治史―「改革の政治とオルタナティヴ」』大井赤亥著（筑摩書房）／『現代日本の政党デモクラシー』中北浩爾著（岩波書店）／『戦後政治史』石川真澄・山口二郎著（岩波書店）／『今さら聞けない！ 政治のキホンが2時間で全部頭に入る』馬屋原吉博著（すばる舎）／『小学校社会科の教科書で、政治の基礎知識をいっきに身につける』佐藤優・井戸まさえ著（東洋経済新聞社）／『政界再編 離合集散の30年から何を学ぶか』山本健太郎（中央公論新社）／『検証 政治改革 なぜ劣化を招いたのか』川上高志著（岩波新書）／『池上彰の あした選挙へ行く前に』池上彰著（河出書房新社）／『14歳からの政治入門』池上彰著（マガジンハウス）／『日本政党史』季武嘉也・武田知己編（吉川弘文館）／『比較政治制度論』建林正彦ほか著（有斐閣）／『憲法概論Ⅰ総説・統治機構』大石眞著（有斐閣）／『日本国憲法論 第2版』佐藤幸治著（成文堂）／『自民党「一強」の実像』中北浩爾著（中央公論新社）／『公明党 創価学会と50年の軌跡』薬師寺克行著（中央公論新社）／『日本共産党』中北浩爾著（中央公論新社）

もう迷わない！
どの政党に投票すればいいか決められる本

監修　NPO法人 Mielka（監修責任者・佐田宗太郎）
2023年11月1日　初版発行

発行者　横内正昭
編集人　内田克弥
発行所　株式会社ワニブックス
〒150-8482 東京都渋谷区恵比寿4-4-9えびす大黒ビル
ワニブックスHP http://www.wani.co.jp/
（お問い合わせはメールで受け付けております。
HPより「お問い合わせ」へお進みください）
※内容によりましてはお答えできない場合がございます

イラスト　本村誠
執筆協力　佐田宗太郎（Mielka）、平谷悦郎、米良厚
表紙・本文デザイン　森田千秋（Q.design）
DTP　G.B. Design House
校正　聚珍社
執筆協力・編集　小芝俊亮（小道舎）

印刷所　株式会社光邦
製本所　ナショナル製本

定価はカバーに表示してあります。

ISBN 978-4-8470-7355-7
WANI BOOKOUT　http://www.wanibookout.com/
WANI BOOKS NewsCrunch　https://wanibooks-newscrunch.com/

※「NPO法人」は「特定非営利活動法人（Non-Profit Organization）」の略称です。